山西第一支革命武装

中国工农红军晋西游击队

杨肃娟 著

山西出版传媒集团
三晋出版社

图书在版编目（CIP）数据

山西第一支革命武装：中国工农红军晋西游击队 / 杨肃娟著． -- 太原：三晋出版社，2023.11
ISBN 978-7-5457-2330-4

Ⅰ．①山… Ⅱ．①杨… Ⅲ．①中国工农红军 - 游击队 - 史料 - 山西 Ⅳ．① E297.2

中国国家版本馆 CIP 数据核字（2023）第 216365 号

山西第一支革命武装：中国工农红军晋西游击队

著　　者： 杨肃娟
责任编辑： 薛勇强

出 版 者： 山西出版传媒集团·三晋出版社
地　　址： 太原市建设南路 21 号
电　　话： 0351-4956036（总编室）
0351-4922203（印制部）
网　　址： http://www.sjcbs.cn

经 销 者： 新华书店
承 印 者： 山西万佳印业有限公司

开　　本： 880mm×1230mm　1/16
印　　张： 4
字　　数： 100 千字
版　　次： 2023 年 11 月　第 1 版
印　　次： 2023 年 12 月　第 1 次印刷
书　　号： ISBN 978-7-5457-2330-4
定　　价： 46.00 元

前　言

今年是中国工农红军西北游击大队晋西游击队第一大队（简称“晋西游击队”）建立 92 周年，谨以笔者撰写的这本《山西第一支革命武装——中国工农红军晋西游击队》作为献礼，纪念这支在山西成功创建和发展起来的北方地区最早的红军武装。

大革命失败后，山西的共产党人并没有被险恶的斗争形势所吓倒，他们在革命处于低潮的极端困难的条件下，努力克服党内“左”倾错误的影响，保存和积蓄革命力量，继续坚持领导工人、农民和学生运动，着力进行兵运工作，开展武装斗争，同敌人进行了不屈不挠、可歌可泣的英勇斗争。

在中共山西省（特）委的直接领导下，晋西游击队于 1931 年 5 月在吕梁山区的隰县辛庄村建立，这是山西工农武装割据初步成功的实践，开创了山西工农武装斗争的辉煌历史。晋西游击队诞生和发展的意义,不仅局限于其本身，还在于其对吕梁乃至山西人民革命斗争的深远影响。

晋西游击队曾活跃在吕梁山区的孝义、汾阳、离石、中阳、隰县、石楼、方山、临县，以及周边的平遥、介休等县，有力地打击了敌人，开辟了孝义、隰县、中阳、离石和汾阳五县交界山区游击根据地，发动群众抗粮、抗税，组织农会，斗争地主豪绅，并为根据地的一些地方初步建立苏维埃政权，发展了革命力量，播下了革命火种，得到了广大群众的支持和拥护，为抗日战争期间我党在晋西建立根据地创造了条件。

后因敌人调遣强大兵力“围剿”，晋西游击队按照中共山西省（特）委的事先指示，西渡黄河，实行战略转移，先后在中共陕北特委和陕西省委的领导下，坚持和发展陕甘游击战争。晋西游击队转战晋、陕、甘三省，经过曲折历程，成为后来建立的中国工农红军陕甘游击队、红二十六军的重要组成部分，为创立西北红军作出了宝贵的贡献。

这本书是笔者历经数年，在潜心研究孝义市委党史研究室现有的档案资料的基础上，又搜集、查阅了大量有关晋西游击队的史料后，悉心撰写的党史专题读物。该书比较全面地记述了中共山西省（特）委直接领导建立的第一支革命武装晋西游击队诞生的背景、建立的经过、进行的战斗、产生的影响等。

这本书在写作过程中得到了孝义市委党史研究室同志们的大力支持，特别是党史研究室主任吴晓娟和党史研究室原主任王春吉多次就本书的研究方向、谋篇布局给予指导和帮助，并审阅了全部书稿。

特别致谢已故的吕梁市委党史研究室副主任马卫平，

他在生前多次就此专题给出了许多好的建议，才最终促成了这本读物的顺利问世。

这本书在写作过程中，参考了相关专家学者的一些研究资料，以及当事人的回忆文章，如马卫平的《晋西游击队部分队员简介》，王春吉的《山西工农武装的初步实践——论山西省（特）委在红军晋西游击队建立和发展过程中的正确抉择》，张太祥、武壮河的《晋西游击队无名英雄——张文蔚》。正是这些资料的支撑，使这本书内容更加丰满、完整。

这本书的出版，同样离不开大力支持和热爱党史事业的孝义市各级领导和同志们的支持和帮助，在此，我们一并致谢。

特别需要提到的是，由于本书涉及内容的专业性和特殊性，笔者极其重视，花费大量时间和精力配合出版单位完成了国家重大图书选题备案程序，经国家党史文献部门的专业审查和批改，终于获得了认可。我们在此特别感谢有关同志的辛勤付出。

由于笔者水平有限，书中难免错漏，不妥之处恳请读者批评指正。

杨肃娟

2023 年 11 月

目 录

晋西游击队的诞生与活动

晋西游击队概述

1931年5月上旬，在吕梁山上诞生了山西第一支革命武装——中国工农红军西北游击大队晋西游击队第一大队（以下简称“晋西游击队”）。晋西游击队是在中共山西特委[①]的领导下，利用蒋、阎、冯军阀混战以后，山西反动统治阶级内部矛盾和政治危机加剧的时机，在反动统治薄弱和群众基础较好的吕梁山区建立的一支革命武装。晋西游击队开辟了孝义、隰县、中阳、离石和汾阳五县交界山区游击根据地。它的活动扩大了共产党和红军的政治影响，播撒了革命种子，震慑了国民党反动派的统治，为根据地部分地区初步建立苏维埃政权发展了革命力量，也为抗日战争期间我党在晋西建立根据地创造了条件。后因敌人调遣强大兵力多次“围

① 1930年10月，中共中央北方局召开扩大会议，确定山西为北方革命的重点，成立中共山西临时省委。1930年12月，中共中央决定撤销北方局和顺直省委，成立中共河北临时省委，中共山西临时省委改为中共山西特委，归河北临时省委领导。1931年1月，山西特委正式成立。

剿”，游击队按照中共山西特委的指示，不得不西渡黄河，先后在中共陕北特委和陕西省委的领导下，转战晋、陕、甘三省，坚持和发展陕甘游击战争，成为之后中国工农红军陕甘游击队及红二十六军的重要组成部分，为创立西北红军做出了重要贡献。

一、晋西游击队建立的政治和历史背景

1927 年大革命失败后，“国民党反动派向共产党人举起了屠刀，成千上万的共产党员、共青团员，革命的工人、农民、知识分子倒在血泊中”。在山西，由于阎锡山实行“清党反共”，山西党组织一度受到严重破坏，进入在逆境中苦斗的极端困难时期。

为了使革命持续下去，进而走向复兴，党领导人民进行了艰苦卓绝的斗争。在全党为挽救革命、寻找革命新道路而进行的艰苦斗争中，以毛泽东为代表的一大批共产党人，经过创建、发展红军和农村革命根据地的实践，逐步找到了一条推动中国革命走向复兴和胜利的道路：南昌起义打响了武装反抗国民党反动派的第一枪，在全党和全国人民面前树立起一面革命武装斗争的旗帜，标志着中国共产党独立领导革命战争、创建人民军队和武装夺取政权的开始；八七会议确定了实行土地革命和武装反抗国民党的总方针；党的六大总结党领导的军事运动和红军建设的经验，并指出“必须努力扩大农村革命根据地，发展红军，实行土地革命，建立苏维埃政权”。1930 年 1 月，毛泽东写下《星星之火，可以燎原》，指出“红军、游击队和红色区域的

建立和发展……无疑义地是促进全国革命高潮的最重要因素”。

经过中共中央和地方各级党组织的努力，遭到严重破坏的各地党组织得到恢复和重建。这些党组织的恢复和重建，对各项工作尤其是各地武装起义的开展起到了重要作用。

1930 年 5 月爆发的中原大战，以阎锡山、冯玉祥倒蒋失败而告终，溃败的冯玉祥、高桂滋、孙殿英等军阀部队都拥入山西，加重了山西人民的负担。人民反对苛捐、士兵要求发饷的斗争，此起彼伏。山西工农的生活极端困苦，一定程度上也削弱了军阀自身的力量，在客观上为山西革命力量发展提供了有利条件。山西出现了空前有利的革命形势，为创立工农武装，开辟游击根据地提供了极好机遇。

1930 年 9 月，党的六届三中全会后，中共中央对中原大战后的山西形势作了客观分析，认为山西地区群众斗争的力量对发动武装斗争十分有利。10 月，北方局在天津召开扩大会议，确定山西为北方革命的重点，随即成立中共山西临时省委，北方局派刘天章任省委书记，谷雄一任中共山西省委委员兼军委书记，省委讨论并确定今后的主要任务是尽快恢复和发展因受李立三“左”倾主义干扰遭受损失的山西各级党组织，在山西尽快“组织红军，创建苏区，将山西变为江西第二”。省委把工作的重点放在发动兵变、组织工农武装上。

与此同时，由于我党对兵运工作的重视，到 1931 年夏天，驻山西的各军阀部队都先后秘密建立和发展了党的组织，而且数量相当可观。晋西离石县九里湾附近百余名土客武装也和党的组织建立了联系。

至此，山西的革命出现了复兴之势。

二、晋西游击队的筹备及建立经过

按照北方局的指示，山西临时省委成立以后，把开展工农武装斗争列为中心任务。省委书记刘天章秘密到汾阳等地考察，认为晋西吕梁山区远离省城，交通不便，土地贫瘠，加之官府、恶霸对老百姓的盘剥，使广大人民群众生活在水深火热之中，反抗斗争一触即发。另外，吕梁山区早在大革命时期就有了党的活动及一定的群众基础，且各个军阀势力的统治又比较薄弱，有利于开展游击战争，是搞武装斗争的合适选择。因此，山西临时省委决定在这一带建立一支由省委直接领导的工农武装，开展游击战争，实行土地革命，创建吕梁山苏区。他们还与中共陕北特委商定，由双方共同筹建晋西工农武装，一旦形势不利，还可以就近渡河与陕北红军会合。

随即，山西临时省委从活动在军阀高桂滋部的秘密党组织中选调出共产党员拓克宽、杨重远等一批有军事作战经验的同志，联合陕北特委选派出的曾参加过清涧起义的阎红彦、白锡林等人，于1930年底陆续赶往吕梁山区，在汾阳、离石、孝义一带开始筹建工农武装的具体工作。

中共山西临时省委还筹集了一笔资金，以“实业救国”的名义在太原南郊开办并州养蜂场，作为筹建工作的秘密领导和联络机关。刘天章、谷雄一多次在这里同杨重远、拓克宽、阎红彦等人研究晋西游击队的筹建事项。

为了加强党的领导，山西临时省委在筹建人员中建立了临时党支部，并派王森赴晋西联络失去联系的地方党组织和党员。他们在吕梁山区设立汾阳县三泉，孝义县胡家窑、梧桐等几处秘密交通点，通过多渠道的单线联系，保证山西临时省委和陕北特委与吕梁山区的交通联络畅通。

晋西游击队组建地旧院门

晋西游击队组建地旧院

经过几个月的紧张筹备，临时省（特）委最后选定汾阳、孝义、隰县、中阳、离石五县交界的山区作为游击队的活动区域，确定了工农武装的番号，通过了临时党支部提出的工农武装领导人员名单，进一步讨论了武装斗争的策略、方针等重大问题。同时，领导机关预判到斗争环境的恶劣复杂，遂作出部署：如果游击队出现意外情况，同山西临时省（特）委失去联络又难以在吕梁山区立足，队伍可转移到陕北，继续坚持武装斗争，等待时机，再返吕梁山区。

1931 年 5 月上旬的一天，在隰县辛庄（今属交口县）召开工农武装成立大会，晋西游击队以中央红军为榜样，坚持党指挥枪的原则，大队成立党总支，拟于队伍扩大、党员增加后在各中队成立支部。为使广大人民群众了解红军的性质和宗旨，游击队四处张贴布告，宣传“红军是人民的子弟，为劳苦群众而战”，号召人民群众一起行动起来“推翻国民党的统治，打倒贪官、劣绅、土豪，铲除地主剥削压迫，实行废除债务分土地，保护正当的工商业，建立苏维埃政府，共同争取革命胜利”。

晋西游击队驻地——西宋庄

山西第一支由中国共产党领导的革命武装就这样在白色恐怖中诞生了，吕梁山开创了山西工农武装斗争的辉煌历史。

晋西游击队成立之后，为便于开展武装斗争，大队部移驻孝义县西宋庄村，以隰县、孝义、汾阳、离石、中阳五县交界地区的白马仙洞山、起云山、上顶山、高庙山为中心，将游击队活动向周边各县纵深扩张。

三、晋西游击队的发展及战斗历程

按照山西特委指示，晋西游击队成立伊始，党总支首先将工作重心放在了部队的思想政治工作上，使广大指战员从一开始就明确了自己为什么要当红军，为什么要勇于流血牺牲，并且树立了必胜的信念和远大的理想。

在游击队的扩大和发展方面，1931 年 6 月初，阎红彦、杨重远等人遵照山西特委关于开展兵运工作的决定，适时策划了对驻守汾阳县永安镇的晋军赵协中部三营八连三排的兵运工作，发动永安兵变，并取得了成功，壮大了革命武装力量，扩大了共产党和红军的政治影响。

在群众工作方面，游击队指战员学习红军的“三大纪律、八项注意”，发动群众打土豪、除恶霸、分粮食、分牛羊，在春耕和农忙的时候，常到贫苦农户家帮助送肥、翻地，给无劳力和少劳力的穷人家砍柴、担水，与贫苦老百姓建立了骨肉深情，得到了更多群众的拥护和爱戴。敌人一有行动，群众会想方设法给游击队送信，一些贫苦农民纷纷要求参加游击队，不到一个月时间，游击队就扩大到 90 多人，有长短枪 80 多支，并开辟了北起离石县王营庄，南至隰县，东至汾阳城，西达石楼县水头镇的广大游击区，人口达数十万。

在此期间，游击队一直争取土客武装参加游击队。此举虽未达到预期目的，但经过积极争取，土客武装不但不同晋西游击队对抗，而且还撤离出他们先前活动的部分地盘，与游击队和平共处，为后来土客武装在陕北参加工农武装打下了坚实基础。

为了开辟、扩大和巩固游击根据地，游击队在地方党组织的配合领导下，在一些村庄建立了农民协会，它们在对敌斗争中发挥了积极作用，也为成立农村苏维埃政权培养了骨干。为了生存和发展，也为了保卫群众斗争的胜利成果，游击队在吕梁山区与敌人进行了多次战斗，他们把对敌斗争和发动群众紧密结合起来，使游击区不断巩固，游击队自身也在斗争中成长、壮大起来。

晋西游击队的成立及其开展的革命活动，震惊了山西的国民党当局，也引起了社会的关注。《天津民国日报》刊文称："山西素有世外桃源之称，然去岁，军事结束以后，军队入境甚多，土匪猖狂，杀人架票，时有所闻，尤以方山、岢岚、隰县一带，受害最甚，晋西半壁几沦盗匪世界。近闻，徐永昌等拟竭尽全力，注意剿匪。"当时山西省政府主席商震被赶下台，给他列举的十大罪状中，就有"对红军晋西游击队到处活动束手无策"一条。吕梁山区的各县政府纷纷向山西阎锡山当局告急，要求派兵"清剿"。

四、晋西游击队转战陕甘

1931 年 8 月以后，徐永昌取代商震，驻扎在山西的各派军阀之间矛盾暂时缓和，除冯玉祥部外，基本形成了一致反共的局面。徐永昌调动一个师、一个炮兵团的军队和地方武装共万余兵力，采取山山设卡、步步为营、四面包围、节节逼近的战术，气势汹汹地开往晋西，妄图一举"剿灭"晋西游击队。晋西游击队面对强敌，昼伏夜出，采取机动灵活、时聚时散、时打时走的战术与敌周旋，乘其不备歼灭小股敌人。但因敌军兵力过于强大，敌强我弱的形势十分严峻，在寡不敌众的情况下晋西游击队决定沿隰县、中阳交界地带向西转移。由于根据地村庄大部被敌人占领，游击队与群众失去联系，得不到配合与支持，困顿于深山老林之中。

在敌军的包围圈越来越小，处境十分危险的情况下，游击队放弃一切非战斗用品，由隰县、中阳交界山区向石楼境内转移。这时，山西特委又被叛徒出卖，党组织遭到大破坏，游击队与上级失去联系。在这种情况下，游击队决定按山西特委早有的指示精神，西渡黄河转移到陕北，继续开展游击战争，以保存和发展这支历经千辛万苦创建并经过严酷斗争考验的红色武装力量。

9 月 2 日，晋西游击队从石楼辛关至中阳三交间的黄河岸边，经向往和支持革命斗争的王怀安等六名水手的协助，乘坐羊皮筏子，分批渡过了黄河。

渡河后，为了适应新的斗争形势，晋西游击队调整了领导成员，随后与陕北特委取得了联系。陕北特委指示游击队在安定（今子长市）、清涧、延川、靖边一带开展游击活动，并要求地方党组织积极配合与支持。从此，晋西游击队在陕北特委的领导下，深入发动群众，打击土豪劣绅。经过 10 余次战斗，游击队力量迅速壮大，并在三边地区建立了骑兵队。之后，又成功改造了几路土客武装，步兵、骑兵发展到 300 余人，声威大振。11 月中旬，晋西游击队与刘志丹领导的游击队在甘肃合水县南梁地区会合，开始了创建陕甘边根据地的游击战争。

晋西游击队虽然在吕梁地区仅仅活动了几个月时间，但唤醒了广大民众的精神意志，使他们看到了翻身求解放的希望，在吕梁播下了革命的火种，为以后革命斗争的进一步发展奠定了坚实的群众基础。

晋西游击队诞生的理论、历史和现实根基

1927 年大革命失败后，中国共产党所领导的人民革命斗争进入最艰苦的年代。“据 1927 年 11 月的统计，党员数量由大革命高潮时期的近 6 万人急剧减少到 1 万多人”，“共产党领导下的工会会员由大革命高潮时期的 280 余万人减至几万人”，革命形势陷入低潮[①]。

星星之火，可以燎原，“他们从地下爬起来，揩干净身上的血迹，掩埋好同伴的尸首，他们又继续战斗了”[②]。

一、南昌起义为创建晋西游击队树立了旗帜

在革命遭受严重失败的极为严峻的形势下，我们党以武装起义的实际行动对“要不要坚持革命，如何坚持革命”作出了初步而明确的回答。1927 年 8 月 1 日的南昌起义打

① 中共中央党史研究室，《中国共产党历史》第一卷上册，中共党史出版社 2011 年版，第 232—233 页。

② 毛泽东，《论联合政府》，《毛泽东选集》第三卷，人民出版社 1991 年版，第 1036 页。

响了武装反抗国民党反动派的第一枪，宣告了我党坚持把革命进行到底的坚定立场，标志着中国共产党独立地领导革命战争、创建人民军队和武装夺取政权的开始。南昌起义在全党和全国人民面前树立起一面革命武装斗争的旗帜，它所表现出的中国共产党和中国人民不畏强敌、前赴后继的革命精神，极大地鼓舞了全国人民的革命斗志，也为创建晋西游击队树立了旗帜。

二、八七会议为组织晋西游击队提供了思想上的准备

“为了审查和纠正党在大革命后期的严重错误，决定新的路线和政策”，中共中央于1927年8月7日召开紧急会议（即八七会议）。会议要求“坚决纠正党在过去的错误，号召广大党员和革命群众继续战斗”。八七会议总结了大革命失败的经验教训，坚决纠正了右倾投降主义错误，会议提出，党现时最主要的问题是“尽可能在广大区域中准备农民的总暴动”，即后来中央所概括的“确立了土地革命和武装起义的总方针”。这是党在危急关头确定的正确方针，给处于思想混乱、组织涣散的中国共产党指出了新出路，中国革命实现了由大革命失败到土地革命战争兴起的历史性转变，党的工作重心由城市转向农村，为晋西游击队的创建提供了思想上和组织上的准备[①]。

① 中共中央党史研究室，《中国共产党历史》第一卷上册，中共党史出版社2011年版，第237页。

三、三湾改编为晋西游击队的发展壮大指引了方向

八七会议之后，许多地方党组织为之振奋，组织发动了多次武装起义。其中，较为突出的是毛泽东领导的湘赣边界的秋收起义。秋收起义公开打出中国共产党的旗帜，表明中国共产党探索夺取政权新道路的决心。特别是秋收起义军在江西省永新县三湾村的改编，“建立党的各级组织和党代表制度，党的支部建在连上，班、排有小组，连以上设党代表”，“在连以上建立各级士兵委员会，实行民主制度，在政治上官兵平等”。三湾改编从“组织上确立了党对军队的领导，是把工农革命军建设成为无产阶级领导的新型人民军队的重要开端”。三湾改编从组织上、体制上确立了党对军队的绝对领导，标志着我们党建设人民军队的思想开始形成，为将晋西游击队建设成为由我们党直接领导的革命队伍指引了方向[①]。

四、对“左”倾盲动和冒险主义的纠正为晋西游击队的建立规避了风险

八七会议后，由于共产国际及其代表的错误指导，中共中央的“左”倾情绪继续蔓延，“左”倾盲动主义在中央占据了主导地位，并指责南昌起义、秋收起义的领导者周恩来、毛泽东等人犯了“机会主义错误”，给以政治纪律的处分，而且不顾敌人的强大和大革命失败后群众的情绪，

① 中共中央党史研究室，《中国共产党历史》第一卷上册，中共党史出版社 2011 年版，第 243 页。

命令少数党员在全国组织毫无胜利希望的武装起义，使大革命失败后保存下来的革命力量再次遭受重创，这是中国共产党在探索中国革命道路历程中遭受的第一次挫折[①]。

1928 年 2 月，共产国际第九次扩大会议批评了中共中央的盲动主义错误，中共中央接受批评，并纠正错误。

1929 年下半年，党在国民党统治区的工作开始复苏，农村根据地逐步扩大，然而中共中央却再次错估了形势，中央政治局在李立三的主持下，通过了由他本人起草的《新的革命高潮与一省或几省的首先胜利》决议，李立三“左”倾冒险主义使党和革命事业遭到重大损失。

1930 年 5 月，周恩来详细汇报中国革命特别是农村根据地发展的情况后，共产国际批评了以李立三为首的“左”倾错误，提出“应该把红军问题放在中国革命问题的第一位”。中共中央于 9 月 24—28 日召开了六届三中全会，结束了“左”倾错误在中央的主流路线。对“左”倾盲动和冒险主义的纠正为晋西游击队的稳步发展规避了风险。

五、井冈山革命根据地的建立为晋西游击队的成立积累了经验

“在农村建立根据地，以农村包围城市、武装夺取政权道路的思想”，是以毛泽东为代表的共产党人的集体创造。由于中国政治经济发展的不平衡，参加武装起义的一些部

① 盖军主编，《中国共产党八十年历史简编》，中共中央党校出版社 2001 年版，第 45 页。

队在数省边界、距离国民党统治的中心城市较远的偏僻山区，开展游击战争，建立工农政权，创建了农村革命根据地。而井冈山革命根据地的创建，则是中国共产党在敌强我弱的形势下，探索武装夺取政权新道路的起点。一年多的时间里，毛泽东率领工农革命军经历了艰苦的斗争：如利用敌人兵力空虚的时机，分兵发动群众，帮助边界各县恢复或建立共产党的组织，收编农民武装，增强红军力量，建立工农兵政府，开展土地革命。

1928 年 10 月，毛泽东在为湘赣边界党的第二次代表大会起草的决议中，分析了中国红色政权发生和存在的原因，阐述了在中国实行工农武装割据的经验和意义，为论述中国革命的道路问题奠定了理论基础。毛泽东在领导创建井冈山根据地的斗争中，从敌强我弱的形势和中国国情出发，提出了党的工作重心应该放在农村的思想。他指出，红军和农村根据地的建立和发展，“无疑义地是促进全国革命高潮的最重要因素”。实践证明，中国革命要走上胜利发展的道路，必须把工作中心放在农村。井冈山革命根据地的建立证明了农村包围城市的合理性与可行性，为晋西游击队的发展找到了正确的革命道路。

六、党的六大对晋西游击队的建立起到了积极的推动作用

1928 年 6 月 18 日至 7 月 11 日，中国共产党第六次全国代表大会在莫斯科召开。大会分析了第一次大革命失败后中国的政治经济状况，明确指出中国仍然处于半殖民地

半封建社会。中国革命现阶段的性质仍然是资产阶级民主革命，中心任务是“驱逐帝国主义者，达到中国的真正统一”，“彻底地平民式地推翻地主阶级私有土地的制度，实行土地革命”，“力争建立工农兵代表会议（苏维埃）的政权”[①]。

大会认为，当时的政治形势不容乐观，反革命的势力仍远远大于工农革命力量。此外还总结了过去革命斗争的经验教训，反对了“左”“右”两种错误倾向。而且着重指出，盲动主义和命令主义是使党脱离群众的“最主要的危险倾向”。

这次大会对中国革命性质和形势的分析基本上是正确的，从此，党的工作重心从千方百计地组织暴动转向从事长期的艰苦的群众工作中来，把“左”倾作为主要危险来反对，这是党的工作中的一次重要转变。六大以后，全党贯彻执行六大路线，恢复和重建党的组织，领导开展群众斗争，中国革命出现走向恢复和发展的局面，党的六大对晋西游击队的建立起到了积极的推动作用。

七、党对山西武装斗争的部署为晋西游击队的建立提供了强大支持

1930年，国民党反动集团内部矛盾进一步激化，国内形势有利于党和革命力量的发展。特别是冯玉祥、阎锡

---

① 中共中央党史研究室，《中国共产党历史》第一卷上册，中共党史出版社2011年版，第261页。

山与蒋介石之间的中原大战，削弱了反动力量。

10月，中共中央北方局在天津召开扩大会议，确定山西为北方革命的重点，成立中共山西临时省委，派遣富有兵运工作经验的刘天章任省委书记。山西临时省委成立后，按照中共中央北方局的指示，把开展武装斗争列为省委的中心任务，确定了在驻山西平定的军阀高桂滋部队中开展兵运工作，派一批共产党员打入高桂滋部队做策反工作，计划在条件成熟后实行兵变。刘天章还秘密考察了吕梁山脉中段的社会政治情况和地理环境等条件，“决定在这一带建立一支由省委直接领导的工农武装，开展游击战争，实行土地革命，创建吕梁苏区”。由此，晋西游击队应运而生。

刘天章

经过几个月的紧张筹备，1931年5月上旬的一天，中国工农红军西北游击大队晋西游击队第一大队正式成立，一支由共产党领导的红军游击队就此在吕梁山区诞生。

山西工农武装割据的初步实践

实行工农武装割据，就是在中国共产党领导之下，把武装斗争、土地革命、建立革命政权三者结合起来。工农武装割据思想是在井冈山斗争时期，以毛泽东为代表的中国共产党人以实事求是的精神，把马列主义普遍原理同中国革命的具体实践相结合，逐步形成的思想理论。这一思想的形成，奠定了我们党的政治路线和军事路线的基础，对无产阶级建党、建军、建政的学说都做出了卓越的贡献。

1927 年秋，面对大革命失败后的血雨腥风，以毛泽东为代表的中国共产党人在井冈山建立的第一个农村革命根据地，点燃了工农武装割据的星星之火，引发革命胜利的燎原之势，谱写出革命史诗的光辉篇章。

当中央决定把山西列为北方革命的重点，中共中央北方局又决定在山西尽快组织工农红军，创建新苏区后，中共山西省（特）委果断决定，走井冈山斗争之路，以井冈山中央红军斗争的实践为榜样，按照井冈山模式在吕梁山

晋西游击队旗帜上的图案

组建工农武装，开辟革命根据地。

1931 年 5 月，在山西吕梁山上也升起了绣有镰刀、锤头的革命红旗，中国工农红军西北游击大队晋西游击队第一大队在隰县辛庄（今属交口县）诞生。可以说，晋西游击队的建立就是山西工农武装割据的初步实践。

一、选择群众基础比较好，便于作战，且反动统治薄弱的地区建立工农武装

我们党根基在人民，血脉在人民，力量在人民。党和红军在井冈山之所以能站稳脚跟，之所以受到人民群众的衷心拥护和爱戴，重要的一点就是始终和人民群众打成一片，和人民群众结下鱼水深情。所以，组织工农红军，创建新苏区的地点选在何处是当时中共山西省（特）委实现中央和北方局决定的关键。

中共山西省（特）委之所以选择吕梁山区建立工农武装，是因为吕梁山区有着与井冈山相似的条件。当时统治山西的军阀阎锡山和冯玉祥联合起来，共同反对蒋介石，爆发了旷日持久的中原大战，中共山西省（特）委正是抓住了这个有利条件在国民党新军阀混战的空隙中建立工农武装。加之早在大革命时期，吕梁人民就在共产党的领导下开始了争取解放的革命斗争，党在群众中有一定基础。而且吕梁山区山峦起伏、地势险要、交通不便、远离省城，

有利于开展游击战争，是搞武装斗争的好地方。基于此，山西省（特）委决定在吕梁山建立一支由党直接领导的工农武装，开展农村游击战争，并就此与陕北特委取得了联系。

二、发展组织群众，进一步壮大武装力量

山西省（特）委在和陕北特委从各处选调精兵强将组织创建红军游击队的同时，派人深入活动在孝义西部辛庄村一带的土客武装中做争取工作。游击队遵照上级的指示对土客采取了争取、利用、改造、斗争并行的方针，在游击队从创建到转战陕甘地区的全部过程中，土客武装没有站到敌人那边与游击队为敌，并在游击队过河后能主动接受游击队的条件而被改编。这样，游击队就可以集中全力对付敌人的进攻，壮大了革命力量。

晋西游击队开始组建就积极地执行了山西特委关于开展兵运工作的指示和决定，适时地组织和策划了永安兵变，并于 1931 年 6 月初的一天夜里将驻汾阳永安镇晋军赵协中部三营八连三排（这个排有 30 多人，有 30 多支晋造冲锋枪和沈阳造步枪）拉上山，参加了游击队，进一步加强了晋西游击队的武装力量，扩大了党和红军在敌军下层士兵中的影响。

三、加强党对红军游击队的领导

中国共产党的正确领导是工农武装割据的重要条件。在创建井冈山革命根据地的斗争中，毛泽东尤其重视军队建设。在转战井冈山途中，他领导工农武装进行了著名的

三湾改编，确立了“支部建在连上”，奠定了建设新型人民军队的基础。毛泽东在《井冈山的斗争》一文中指出，“红军所以艰难奋战而不溃散，‘支部建在连上’是一个重要原因”。[①]

晋西游击队之所以“艰难奋战而不溃散”，关键在于确立和加强党对游击队的绝对领导，这个问题在游击队筹建过程中就解决了。游击队还没有成立，特委首先在抽调的游击队骨干中建立了党的临时支部。游击队成立时宣布队委组成名单，同时也宣布了特委对游击队党总支书记的任命。之后，游击队党的总支委员会进一步健全和加强。总支部之下，三个中队设立了三个党小组。同时规定：党小组半个月开一次会，总支部每一月开一次会。遇有重要问题，由总支书记随时召集会议。规定班里每周举行一次班务会。班里选拔政治觉悟高的战士为政治战士，作为培养入党的对象。这样就保证了游击队绝对掌握在党的领导之下。

除了加强党的组织领导，游击队还十分注意加强部队的思想建设和对战士的政治教育。比如，游击队成立时，党总支书记带领大家宣誓，表示要“革命到底不动摇”，并且仿效井冈山红军脖子上系红带子（又叫“牺牲带”）的做法，给所有队员脖子上也系了红带子，表明为革命献身的决心。总支组织委员则给大家讲国内斗争形势，介绍中央苏区和鄂豫皖苏区的扩大与红军所取得的胜利，讲述成

① 毛泽东，《毛泽东选集》（一卷本），人民出版社 1964 年版，第 64—65 页。

立工农红军进行武装斗争的重要意义，红军的性质、任务、纪律和毛泽东同志为红军制定的“十六字诀”等等，使广大指战员从一开始就明确了自己为什么要当红军，为什么要勇于流血牺牲，并且树立了必胜的信念和远大的理想。后来，游击队在加强军事训练的同时，又通过党小组、党支部及班务会进行“三大纪律、八项注意”的教育，使部队始终保持着旺盛的革命斗志，形成了一支拖不垮、打不散的工农武装。

正如《古田会议决议》中所说：“中国的红军是一个执行革命的政治任务的武装集团。”[①] 游击队除了积极开展对敌斗争外，狠抓了宣传和发动群众起来抗租、抗税，开展了打土豪、分浮财、逼官府、除恶霸的斗争。在游击根据地内发动贫苦农民及革命的同情者建立农民协会，组织发动群众团体（妇女会、儿童团、青年团）。农民协会实质上成了游击区的村政权。在西宋庄，他们办了一所农民夜校，培养农会和苏维埃政权骨干，使根据地和苏区政权不断巩固和扩大。他们还帮助农民协会办了一所列宁小学，儿童入学一律免费。游击队要求指战员严格执行毛泽东同志制定的“三大纪律、八项注意”。游击队员在春耕和农忙的时候，常到贫苦农民家去帮助干活，和贫苦百姓建立了骨肉深情。

游击队在劳苦群众中的影响扩大了，得到了更多群众

① 中共中央党史研究室，《中国共产党历史》第一卷上册，中共党史出版社 2011 年版，第 243 页。

的拥护和爱戴，人们纷纷要求参加游击队，拿起枪杆子翻身闹革命。仅仅几个月时间，晋西游击队就发展成为一支拥有百余人的红军武装，开辟了包括孝义、汾阳、离石、方山、兴县、临县、中阳、隰县、石楼、介休等县的面积约为 15000 平方公里、人口 10 余万的游击根据地。

晋西游击队所走的正是毛泽东同志创立的井冈山革命之路，是农村包围城市、武装夺取政权之路。在这条胜利之路上，农民群众真正成了革命队伍的主力军。

四、特委决定游击队必要时转战陕北

毛泽东在《中国的红色政权为什么能够存在？》一文中指出："军阀间的分裂和战争，削弱了白色政权的统治势力。因此，小地方红色政权得以乘机产生出来。但军阀之间的战争不是每天不停的。每当一省或几省之间的白色政权有一个暂时稳定的时候，那一省的统治阶级或几省的统治阶级必然联合起来用尽力量来消灭这个红色政权。在为建立和坚持红色政权所必须的各种条件尚不完备的地方，便有被敌人推倒的危险……"

1931 年 8 月间，山西省政府主席易人，驻扎在山西的各派军阀间矛盾暂时缓和，形成一个反共的局面。阎锡山调集万余人的部队开进吕梁山区，妄图一举"剿灭"晋西游击队。游击队在经过一段艰苦的转战后减员较大，最后决定按照特委事先指示，突出重围，西渡黄河，转战陕北。特委的事先指示说明，一方面特委对客观形势有一个清晰的认识，另一方面，他们吸取了党在斗争中的经验教训，因此，才有了这个事先的指示，也体现了中国共产党人审时度势寻找发展机遇的高超战略思维。

晋西游击队转战陕北后，先后在陕北特委的领导下，从陕北到陇东，转战千余里，冲破了敌人的围追堵截，终于使这支早期的革命武装得以保存下来，并不断发展，震撼了西北地区的反动统治力量，唤醒了广大的劳苦大众，成为后来中国工农红军第二十六军的重要组成部分。

（本文参考王春吉撰写的《山西工农武装割据的初步实践》一文写作而成）

关于晋西游击队的记忆

晋西游击队建立的背景

1930年春秋之际，冯玉祥、阎锡山联合倒蒋失败后，聚集在山西的各路军阀相互倾轧，勾心斗角，内部矛盾十分尖锐。在阎锡山政府的长期统治下，受尽欺压剥削之苦的山西劳苦大众，又遭受军阀部队散兵游勇的抢劫勒索，处于水深火热之中。

1930年10月，中共中央北方局确定山西为北方革命的重点，并成立中共山西临时省委。山西省（特）委一面尽快恢复遭受损失的各级党组织，一面狠抓党在各军阀部队中的兵运工作，准备发动武装起义，建立工农红军，开辟山西革命根据地。

根据吕梁山区的地理位置和政治历史背景，中共山西省（特）委与中共陕北特委取得了联系，决定在吕梁山区筹建一支由党直接领导的工农武装，开展游击战争。

晋西游击队的人员构成

1931年5月上旬，游击队的30余名骨干成员已陆续上山，集中在隰县辛庄（今属交口县）及附近地区。这些成员包括：中共山西省（特）委从军阀高桂滋部调来的具有作战经验的拓克宽、杨重远、周维仁、李成兰、胡廷俊、陈玉清、白树梅、曹鸿北、田有莘等一批党员；中共山西特委阴凯卿从太原兵工厂调来的尹子安、安世仁、阎茂林、马佩勋等10余名党员；陕北特委先后派来的阎红彦、白锡林、胡廷璧、张免芝、李发荣、杜鸿亮、张琪、张忠继、寇世仁、李秉彦、董金芝、李素云、王俊杰等一批党员和骨干；在吕梁山区吸收的赤贫农民。

晋西游击队与并州养蜂场

1931年1月，中共山西临时省委改为山西特委。特委为了方便开展筹备游击队的工作，在太原南部建立了一个秘密联络机关，对外称并州养蜂场。从高桂滋部队抽调的中共党员朱敏、田有莘等任蜂场负责人。省委书记刘天章、省委委员兼军委书记谷雄一等就在这里多次召集专门会议，研究晋西游击队创立及武装暴动等问题。杨重远、拓克宽、阎红彦、白锡林等都曾到蜂场参加过秘密会议，向特委请示和汇报工作。这个养蜂场还为后来成立的晋西游击队转送过路人员和枪支弹药等。

晋西游击队的筹备人员分工

为了尽快组建游击队，山西省（特）委对筹备人员作了分工：杨重远任汾阳联络站主任，坐镇汾阳，负责筹集武器弹药，转运调配人员，并与地方党组织取得联系；阎红彦负责太原、吕梁山区和陕北各地的联络工作，陆续把省（特）委抽调来参加游击队的人员和枪支弹药，带到离石县和中阳县交界的九凤山；白锡林负责勘察吕梁山区的地形，选择游击斗争区域并开展当地的群众工作；拓克宽负责在军阀部队中挑选游击骨干；阎红彦和白锡林还负责争取土客的工作。

晋西游击队争取土客武装

1931 年 5 月初，山西特委召开会议，决定把活动在吕梁山的土客武装争取过来，开展晋西的游击战争。来往于黄河两岸的土客武装多由贫苦农民组成，有一定的实力。山西特委指示阎红彦、白锡林、拓克宽、杨重远等将土客争取过来，阎红彦等在陕北时曾与土客打过交道，认为这些人纪律性不强，难以改造。但特委分析了利弊，认为在党的领导下，对土客加强教育改造工作，这支力量还是可以利用的，对其中不服改造的人可以清除。

当时，在辛庄一带住着史治贵、师老大（师储杰）、肖永胜、辛德有、邓如海等土客。拓克宽、阎红彦、白锡林、陈玉清等七八人遵照特委指示，深入史治贵的队伍中做争取工作。土客出身于社会下层，同情革命，但又沾染了一些恶习，不愿意受红军纪律的约束，这就使得争取改造工作颇为艰难。贺兆瑞（陕北人）是史治贵一股土客中的小头目，他生活腐化，在群众中影响很坏。阎红彦等决定从贺兆瑞开始，清除土客中不服改造者。

阎红彦等将此情况向特委作了汇报，特委指示把从工厂、农村和军阀部队中抽调的游击队骨干先行派入土客部队，在力量有利于我的情况下，将贺兆瑞及其亲信清除掉，然后宣布成立游击队。

晋西游击队的武器装备

晋西游击队成立之初，有长短枪 25 支，其中拓克宽、李成兰、曹鸿北等随身带来的盒子枪 9 支，勃朗宁手枪两支，联络站转运来的步枪有晋造三八式步枪 6 支，汉阳造 3 支，马步枪 5 支。

晋西游击队的诞生

1931 年 5 月上旬的一天早上，游击队的多数骨干成员在土客驻地——辛庄集中。阎红彦等经过周密布置，出其不意地控制了在群众中影响很坏的土客贺兆瑞及其亲信。接着，召开群众大会，当众宣布了他们的罪行，就地处决了贺兆瑞。这件事震

土客驻地辛庄村遗址

晋西游击队指挥员

慑了那些不服改造的顽固土客，附近群众无不拍手称快。

处决贺兆瑞后，游击队随即召开了成立大会。

晋西游击队的领导机构及人员

晋西游击队大队长拓克宽；副大队长阎红彦、吴岱峰；政委黄子文；总支书记杨重远；财政员白树梅。大队辖两个中队，第一中队中队长由阎红彦兼任，辖胡廷俊、李成兰等三个班；第二中队中队长白锡林，辖陈玉清、周维仁等三个班。

晋西游击队的根据地西宋庄

游击队成立后没几天，部队就转移到西宋庄（原属孝义县，今归交口县）。西宋庄在辛庄南面十几里的大山里，是一个较大的山村，这里山高沟深，易守难攻，而且群众基础好，是比较理想的游击队驻地。晋西游击队就以这里为根据地，在吕梁山展开了一系列游击活动。

西宋庄晋西游击队驻地

西宋庄是晋西游击队的大队部所在地，是游击队驻扎时间最长的地方。游击队在村里组织农民协会，并在农会的协助下，开办了一所列宁小学，儿童入学一律免费。小学由队委党永亮负责，游击队员轮流讲课，还教唱《国际歌》。此外，游击队还办了一个农民夜校，吸收附近农会干部和贫苦农民参加学习，夜校的课程也由队员们讲授，讲地主豪绅如何剥削压迫穷人，穷人为什么穷；讲怎样组织起来，团结起来翻身闹革命的道理。游击队员们启发贫苦农民的阶级觉悟，组织农民起来同压迫者作斗争，为成立农村苏维埃

西宋庄晋西游击队驻地全貌

西宋庄晋西游击队厨房

政权培养了骨干，这一带很快开展了打土豪、分浮财的斗争。

晋西游击队中的土客离队

晋西游击队成立后与土客和平共处。达成了“平时各行其事，一有情况和作战任务，相互通知，共同行动”的口头协议。

此后，在一段时间里，土客同游击队一块驻防，协同作战，共同分享战利品。在对敌战斗中，他们大多数表现得十分勇敢。后来，师老大受部分部属的要挟，要离开吕梁山区。经特委同意，游击队队委会决定欢送他们，并派共产党员史雪山、雷恩钧跟师老大等土客一起行动，继续做争取改造工作。自此，吕梁山这一带再也没有土客的活动，完全成了游击队的根据地。

晋西游击队党的组织机构及活动

为了加强党对游击队的领导，并和晋西各县地方党组织取得联系，游击队进一步健全了党总支。总支书记杨重远，组织委员阎红彦，宣传委员黄子文，军事委员拓克宽，白锡林为候补委员。总支组织委员经常给大家讲国内斗争形势，红军的性质、任务。党总支下设三个党小组，大队部小组由拓克宽兼组长；一中队小组由田有莘任组长；二中队小组由曹鸿北任组长。党小组每半个月开一次会，支部会一个月一次，遇重要问题由支部书记随时召集开会。支部对部队的政治工作抓得很紧，规定每周举行一次班务会。班里选拔政治觉悟高的战士为政治战士，作为培养入党的对象，如胡廷壁、董金芝等人都当过政治战士，后来加入党组织。

党支部作为游击队战斗核心，发挥了积极的领导作用。

晋西游击队的宣传工作

游击队的宣传工作，由政委黄子文直接负责。在队伍行军、宿营，以及战斗间隙里，利用一切机会向群众做宣传工作，他们刷写标语，张贴布告，广泛宣传共产党的政治主张。在此基础上，发动群众打土豪、分财物，得到了广大群众的拥护。如：

中国工农红军晋西游击队第一大队布告：

红军是人民子弟兵[①]，为劳苦群众而战。

推翻国民党的统治，打倒贪官劣绅土豪。

铲除地主剥削压迫，实行废债务分土地。

保护正当的工商业，建立苏维埃政府。

人民群众团结起来，共同争取革命胜利。

大队长：拓荒（拓克宽）

政委：黄成章（黄子文）

为了扩大游击队在群众中的影响，队委确定由党永亮、蒲正平等同志专门负责组织人员沿途刷写革命标语。

晋西游击队展开群众工作

晋西游击队以汾阳县三道川，中阳县上桥村、后师峪，

① “红军是人民子弟兵”的说法应当是当事人回忆有误。

孝义县西宋庄、郭家庄为中心，组织发动群众，在一些村建立了农民协会，实质上成为游击区的村政权。会员们帮助部队代购粮食，搞情报，组织发展妇女会、儿童团，青年团，配合游击队发动群众抗粮、抗税、抗捐，组织群众斗争地主恶霸。群众团结在农会周围，农会作为游击队活动的得力助手，在对敌斗争中发挥了积极作用。

晋西游击队要求指战员严格执行毛泽东同志制定的“三大纪律、八项注意”。在春耕和农忙的时候，指战员常到贫苦农户家去帮助干活，共产党员吃苦在前，与广大穷苦百姓建立了鱼水关系。每逢敌人有活动，群众会想方设法向游击队报告。

晋西游击队打土豪

晋西游击队在吕梁山区组织群众分浮财、除恶霸的斗争，扩大了游击队在群众中的影响，劳苦大众拍手称快，地主老财心惊肉跳。

中阳县上桥村土豪杜寿高，有两座山的土地，长年雇长、短工30余人，残酷剥削农民，方圆几十里的群众都对他切齿痛恨。晋西游击队帮助农会发动群众斗争了这个土豪，没收了他的粮食和财物，分给了贫苦群众。中阳县暖泉镇大地主刘占鳌，平时欺压百姓，无恶不作。游击队到暖泉后，他倚仗反动势力与游击队作对。游击队当即发动群众分了他的不义之财，严惩了这个恶霸。在中阳县后师峪，由郝金标（雇工，后加入游击队）带路，游击队斗争了土豪郝守富。接着游击队又前往上桥村斗争杜寿月，杜闻风而逃。

孝义县碾头村恶霸地主武世恭依仗他儿子武孟猷（留日学生，当时在太原）的权势，横行乡里，鱼肉百姓。碾头村群众得知游击队专除土豪恶霸的消息后，纷纷要求游击队惩治武世恭，武世恭闻风而逃。经游击队员马佩勋的详细侦察，确悉武世恭和其二儿子武振纲逃到了介休县的张兰镇。当时张兰镇驻有许多国民党军队，戒备森严，岗哨密布。在当地农会的帮助下，阎红彦乔装成商人，带领四个游击队员，深入虎穴，智擒恶霸武世恭父子。

游击队在碾头没收了武世恭的家财，分给了贫苦农民。同时组织群众清算了武世恭的剥削账，迫使其退赔了他放的高利贷。恶霸武世恭后交农会处理。消息传开，极大震慑了远近的恶霸地主。

晋西游击队的活动影响

晋西游击队在劳苦群众中的影响扩大了，得到了更多群众的拥护和爱戴，群众经常向游击队报告阎军的活动。一些贫苦农民纷纷要求参加游击队，他们懂得了要翻身，就要拿起枪杆子斗争的道理。东山地区的任茂宁、许有计、马三宝、张应祺、郝金标、戴秉章等十几个贫苦农民积极参加了游击队。参加了游击队的农民，在晋西游击队党组织的培养教育下，经过战争的洗礼，阶级觉悟有了很大提高，增强了革命意志。其中，表现积极的郝金标、戴秉章等人后来光荣地加入了中国共产党。

游击队在吕梁山区的短短几个月中，就开辟了广大游击区（包括孝义、汾阳、离石、方山、兴县、临县、中阳、隰县、石楼、介休等县的全部或部分），人口 10 余万。

晋西游击队发动永安兵变

汾阳县永安镇驻有白军一个连，地方党组织和负责汾阳联络站工作的杨重远通过同情革命的白文轩、景芝贵，与该连三排的牟排长和班长冯金福建立了联系，经过游击队和地下党组织一段时间的争取工作后，这个排具备了起义的条件。联络站通知游击队策应这个排起义。阎红彦、白锡林、胡廷俊等同志遂前往永安镇，住在白文轩、景芝贵开的牛羊店里。他们和牟、冯二人接上关系后便积极策划，用了三天三夜时间，这支部队终于在 4 月中旬的一个夜晚举行了起义，由阎红彦同志带领和游击队会合，后来成为游击队的骨干力量。

晋西游击队在吕梁的几次主要战斗

中阳留誉镇战斗

中阳县留誉镇（今属柳林），是中阳西山地区一个重要集镇，也是游击队和陕北红军来往的必经之地。这里有敌人在吕梁山区的一个重要防御据点，距游击队驻地仅仅 80 里。驻扎在这里的晋军巡缉队有 20 余人，有步枪 10 多支，对游击队构成很大的威胁。队委会经过研究，决定拔掉这个据点，扫除其对游击队的威胁。

一天深夜，游击队奔袭留誉镇。战斗由拓克宽指挥，由阎红彦中队主攻，白锡林中队负责中阳县城方向的警戒，以迎击增援敌人。

谁知战斗还未打响，游击队的行动就被敌人的流动哨发现并鸣枪未警，结果敌人全部龟缩在碉堡里，始终不出来。拓克宽为了打好游击队成立后的第一仗，下令集中火力猛攻，敌人见势不妙，从碉堡后面的暗道偷偷逃走了。几个游击队员发现后紧紧追击，仅缴获步枪一支。战斗中，田有莘、阎茂林同志负伤。

战后，游击队分析了这次失利的原因，认为是没有做好充分的战前准备，贸然出击，导致没有取得预期的战果。尽管如此，此次战斗虽然战果甚小，但在当地引起的震动很大。

水头镇伏击战

1931 年夏季的一天，石楼县水头镇（今属交口县）地方党组织送来情报，说白军派来了一个连“围剿”游击队，这个连就在水头镇。水头镇距游击队驻地只有四五十里，队委会认为最好的做法是在敌人必经之路上打一个伏击。于是，派出白锡林、胡廷俊化装前往侦察，战斗由拓克宽、阎红彦同志指挥。天黑后，游击队在水头镇不远的地方选择了一处两面是高山密林的有利地形埋伏下来，等待敌人到来。

第二天拂晓，游击队等敌人进入包围圈后，阎红彦鸣枪为号，大家集中火力向敌人猛射。敌人被打得晕头转向，乱成一团，拼命地向山里逃，准备占据制高点。哪知游击队已安排胡廷俊小组预先埋伏在制高点，向跑来的敌人猛烈射击。这一仗游击队俘敌五六十人，并缴获了敌人的全部武器弹药，给敌人以歼灭性的打击。

占领了水头镇，镇上群众纷纷送茶送饭，祝贺游击队的胜利，队员们借此机会在街头刷写标语，散发传单，并召集群众大会，宣传革命道理和党的政策。游击队还开会宣布了对俘虏的处理：愿参加红军的欢迎，愿回家的发给路费（每人两块银圆）。俘虏们非常感激，表示回去后再不当兵打红军了。游击队贯彻了党的俘虏政策，扩大了政治影响。

战斗结束后，游击队队委会对这次战斗做了总结：虽然打了胜仗，但是不能骄傲，这次胜利的关键是地方党组织及时送来了情报。

老鸦掌战斗

一次，游击队拂晓时到达石楼老鸦掌，这里崇山峻岭，地势险要，周围没有村庄，只是半山腰有一个骆驼场。部队经过连续行军作战，战士们都很疲劳，队委决定在此宿营。天亮后，警戒班发现了敌人的便衣侦探，便把他们活捉了。这时，敌人也发现了游击队，很快发起进攻。

游击队员们听到枪声，赶快撤回警戒班，大队长拓克宽率队伍迅速爬上南山，占领有利地形阻击敌人。游击队指战员沉着应战，待敌人逼到近前时，才用手榴弹和步枪猛投猛射，敌人丢下几具尸体，退下山去。稍事休息后，敌人又组织力量进攻，又被游击队打退。战斗持续到中午，游击队多次打退敌人的进攻，歼灭了部分敌人，但是自己也有伤亡。队委会分析了情况，认为敌强我弱，弹药缺乏，不宜和敌人打消耗战。午后，游击队便主动撤出了战斗，向高山上转移。

锄家沿遭遇战

1931 年 8 月初，游击队在上桥打土豪之后返回驻地途中，在孝义县和中阳县交界处的锄家沿（今属交口县）稍事休息。不料敌人也向这里开来。双方都没有察觉，直到敌人走近游击队驻地时，才被担任警戒的杜兴恒发现，急忙鸣枪报警。

这里山高林密，敌人抢先占领了有利地形，居高临下向游击队住的村子猛烈射击。阎红彦临危不乱，命令部队分组抢占了西面和北面山头，同敌人展开了激烈的战斗。敌人只注意和西边游击队相持激战，阎红彦在北山组织了一个枪法好的突击队，由白锡林带领绕到敌人侧背，突然向敌人马群猛烈射击，将敌指挥官打下马来，敌人顿时乱了阵脚。阎红彦乘机吹起了冲锋号，隐蔽在各个山头的游击队员一起投弹射击，一时枪声大作，黑烟滚滚。敌人摸不清游击队虚实，丢下许多尸体，溃散而逃。战斗结束后清理战场，击毙敌多名，缴获了不少枪弹。战斗中牟中队长牺牲，蒲正平同志负伤（由地下党组织配合送入汾阳医院治疗）。

游击队就这样从战争中学习作战，驰骋在吕梁山上。游击队把发动群众和对敌斗争紧紧结合起来，使游击区不断发展、巩固，游击队自身也在斗争中成长壮大起来。

晋西游击队的“反围剿”斗争

1931 年 8 月间，驻扎在山西的各派军阀之间的矛盾暂时缓和，形成一致反共的局面。

晋西游击队的发展壮大，以及声势浩大的革命运动，危及地主阶级的利益和反动军阀的统治，这时晋西游击队已发展成为一支百余人的红色武装，转战吕梁山区，威震晋西，吕梁山区各县反动势力纷纷向省里告急，一些敌报纸也呼吁山西当局“剿匪”。于是，山西当局视晋西游击队为心腹大患，调集兵力，气势汹汹地开往吕梁山，妄图一举“剿灭”晋西游击队。敌军推进到吕梁山边沿，在山隘路口遍设哨卡，严密封山，对游击队实行重兵围困，游击队处境异常困难。

在此之前，中共山西特委估计到山西政局变化后，游击队将面临严重的不利局面，指示游击队做好反“围剿”的准备。夏末，阎红彦等不畏艰险，再次从太原运回两千发子弹及一批武器。随后，阎红彦同志又秘密来到太原，向中共山西特委汇报了吕梁山地区的严酷斗争形势。特委决定，如敌人调遣强大的兵力围攻，晋西游击队在无法立足时，应西渡黄河转移到群众基础较好的陕北，继续开展游击战，以保存这支红色武装。同时将此事通知了中共陕北特委。

这时，敌人开始“进剿”游击根据地，晋西游击队采取机动灵活的战术，紧紧依靠群众，在同敌人周旋的同时借机消灭敌人的小股武装。但终因敌我力量悬殊，使游击队的活动范围越来越小了。

8月中旬，游击队向隰县一带活动。一天，他们进军到牛头山，发现了敌人的一支搜山部队。游击队迅速抢占了有利地形，同敌人展开激烈战斗。敌军在机枪、迫击炮掩护下，向游击队阵地猛扑。队领导分析了敌情，认为敌强我弱，不宜恋战，以免遭到敌人包围，即命令李成兰等掩护，各队以班为单位撤出战斗，约定在东山顶的小白庙集中。当晚，游击队集中后清查人数，发现杜兴垣等八九名战士失踪，战士张琪负伤，派张忠继同志护送出山，找地方党组织设法掩护治疗。这次战斗成为晋西游击队在吕梁山的最后一仗。

晋西游击队的活动举步维艰

敌人对游击队的包围圈越缩越小，群众给游击队送粮送情报已十分困难。游击队为避免与敌主力交战，迫不得已突围西进，退入密林山区。

敌人占据游击队根据地后，便开始对参加过游击队活动的农民以及其他无辜群众进行抓捕，杀害农会干部。外逃的地主倚仗反动武装纷纷返回老家，进行疯狂的报复和反攻倒算。如师元清等革命群众被迫背井离乡，到陕西谋生，直到全国抗战爆发后才回到家乡。反动派的残暴凶恶，与晋西游击队的优良作风形成鲜明的对比，人民群众怀念着晋西游击队。

1931年8月下旬，游击队的处境更加困难，只能在密林里兜圈子。开始时，群众还能断断续续地送粮送饭，很快与群众的联系全部被敌人断绝，队员们只能用野菜充饥。游击队经过一段艰苦转战，也有较大减员，而且又和上级党组织失掉了联系。晋西游击队孤军作战，形势非常危急。

晋西游击队的艰难抉择

1931 年 8 月 28 日，游击队在一个高山顶上召开队委扩大会议，就面临的严重情况研究游击队的前途问题。结果发生了原则性的分歧：一部分人有严重的悲观情绪，只看到眼前敌人强大，自己力量还弱小的一面，因而主张埋枪散伙，等环境好转再拉起队伍干；另一部分同志则主张在晋西吕梁山和敌人打到底，为革命拼个死活；还有一部分人不愿意离开家乡，不同意游击队西渡黄河转移到陕北去。拓克宽、阎红彦、杨重远、吴岱峰、马佩勋、白锡林、胡廷俊、符友坚、陈玉清等则坚决主张按山西特委早有的指示精神，西渡黄河转移到陕北去，继续开展游击战。

在激烈的争论中，阎红彦等反复分析了当时各方面的情况：山西方面，徐永昌视晋西游击队为心腹大患，下决心要“消灭”这支武装。在军事上，敌人“围剿”部队多于我军数十倍，层层封锁，步步为营，游击队很难免于全军覆没。当时，游击队与山西特委已失去联系，与根据地群众及地方党组织的联系也已被敌隔绝，游击队很难在晋西坚持下去。而陕北方面，大革命时期，我党就在这里领导过武装斗争。大革命失败后，陕北党组织虽然转入地下，在群众和农村仍有很好基础，游击队到陕北后，有存在、发展的条件。再则，游击队员多数是陕北人，到陕北后人地皆熟；陕北军阀统治力量较弱，一些军阀部队中有我们党的秘密组织。最后，统一了大家的意见，决定突围，西渡黄河，转移到陕北打游击，以保存和发展这支红色武装。有一部分同志不愿过黄河到陕北去，要求回家乡活动。经队委会研究，同意这些同志回家，并发给每人 30 个银圆作路费，能带枪的还让带走枪支弹药。他们表示回去后仍要积极进行活动。

当部队突围到达石楼、中阳交界的黄河岸边时，全队只剩下 30 余名队员。

晋西游击队的战略转移

晋西游击队转移时，部队仅剩下 30 余人，他们每人挑选两支好枪（其余枪支埋在山中，请当地同志设法联系地下党组织处理），准备突围渡河。

到黄河还得行军 200 多里，要突破敌人重重封锁。阎红彦等率领部队在人迹罕见的深山里向西行进。一天夜晚，部队在行军中迷失了方向，正在危难之际，一位石楼当地群众发现了他们，知道是红军游击队，便热情地指路，把当地地形及敌人哨卡所在地一一告诉游击队指战员们。他们按照老乡的指引，从石沟摸出去。石沟是一条两山相夹的小沟，多年没有人迹，走了十几里就出了沟口，却被陡峭的绝壁拦住了去路。游击队员们把绑腿、皮带、旗杆全都利用起来，搭成人梯攀上悬崖，又在朦胧的月色下摸了一夜，天亮时登上山顶，又在泥泞的树林中行进。就这样，

1931年9月2日晚，晋西游击队在石楼辛关西渡黄河，转入陕北

游击队终于把“围剿”的敌人远远甩在后边。

突围后的第二天，游击队来到咆哮的黄河边清点人数时才发现，在突围途中，队员李生茂失去了联络。

晋西游击队西渡黄河人员

西渡黄河时，晋西游击队全队只剩下30个人，这30人都是共产党员，是经过考验的游击队骨干力量。他们是：拓克宽、阎红彦、杨重远、黄子文、白锡林、党永亮、李成兰、马佩勋、周维仁、胡廷俊、田有莘、符友坚、陈玉清、吴岱峰、师俊才、张免芝、白树梅、李发荣、张应琪、刘昌汉、郝金标、王俊杰、冯金福、董金芝、胡廷壁、戴秉章、李炳云、杜鸿亮、李素云、寇世仁。

晋西游击队胜利过河

晋西游击队仅存的30人终于来到中阳县三交（今属柳

林县）附近，想尽办法都无法渡过黄河，只能暂时在乌龙庙里休整。队员们分头继续想办法，有的由杨重远带着到山顶上察看地形，准备渡河，有的随阎红彦去附近设法找当地船夫摆渡。

一直到晚上，正在大家焦急地等待渡河的时候，阎红彦领着水手王怀安、高富等六个人带着羊皮筏子来了。这些筏子是用涂了油、充满气的羊皮筒连接起来的，一个筏子只能载几个人，还要会水的人浮在水里推着走。队伍摸黑来到中阳三交与石楼辛关间的黄河边，准备渡河。这天是 1931 年 9 月 2 日（农历七月二十日），此时虽是秋季，但是黄河河谷的夜晚，却已是冷风刺骨，寒气袭人。为了御寒，游击队员每人喝了一些酒。游击队一批一批地乘着羊皮筏往河西渡，水手们在河里前拉后推，白锡林水性好，也跳下去帮着推。不料最后一批同志渡河时，装着枪弹的油篓绳索被水冲断，油篓漂流而去。杨重远焦急地说：“没有枪就等于要了我们的命。”随即派白锡林、吴岱峰将油篓打捞上来。

经过一夜的拼搏，30 个游击队员胜利地渡过了黄河。这时天已放白，太阳慢慢地升起来了。游击队员们满怀信心，踏上陕北高原，去寻找陕北党组织。

晋西游击队领导机构、人员的调整

渡河后第二天，游击队行军到南沟岔附近，遭遇了国民党官兵六七人，他们每人佩戴着短枪，负责押送一批钱款。游击队包围了他们，并缴了械，但是因拓克宽认识那个军官，便私自退还了枪款，放走了他们。队员们意见很大，认为这是失职。行至柳树滩休息时，大家要求召开民主会议，改选队领导。最后，大家一致推选阎红彦任大队长，吴岱峰任副大队长，杨重远任政委，并将队员编为四个班，班长为李成兰、胡廷俊、马佩勋、周维仁。

晋西游击队转战陕甘

晋西游击队西渡黄河以后，克服重重困难一路向西，一边想方设法寻找陕北党组织，不顾疲劳地向西疾进；一边沿途宣传革命思想，打土豪救济穷人，并多次与敌人激战，在陕北人民中的影响很快扩大。

游击队行进到涧峪岔时，听闻土豪薛华英平时鱼肉百姓，决定开仓济贫。起先群众有顾虑不敢分粮，队员们便分头将粮食送到老乡家，群众感到游击队果真是为穷人打天下的，躲出去的群众也回来分粮。从此晋西游击队打土豪的消息就传播开了。

后来，游击队在安定（今子长市）西区枣树坪找到了一直坚持对敌斗争的地下党员谢德惠（谢子长的长兄，人称“谢老大”），得知谢子长现在甘肃活动。通过谢德惠，游击队找到了中共安定县委书记马文瑞。马文瑞随即动员当地党员和青年参加晋西游击队，游击队很快扩充到五六十人。同时，马文瑞又很快将晋西游击队到达陕北的情况转告中共陕北特委。不久，特委书记赵伯平派张子平来传达指示，要游击队在安定、清涧、延川、靖边等县开展游击斗争。同时，陕北特委也先后派来一批党员和青年参加游击队。

找到了党组织，游击队士气大振，战斗力也更加强了。

晋西游击队在陕甘的几次战斗

白锡林

平桥遭遇战

1931年9月10日（农历七月二十八日），晋西游击队在由安定向安塞县境进发的途中活捉了安定县政府派来的侦察员张发华，这个人是县府的班头，是地主恶霸的忠实走狗，群众对他恨之入骨。队委会决定予以镇压，此举深得群众的拥护。

游击队经过长途跋涉，疲累不堪，经过安塞县边境平桥的一片枣树林，指战员们计划在此稍作休整。许多同志一倒下就睡着了，突然听到枪声四起，原来是敌人从对面山上向游击队射击。阎红彦迅速指挥游击队分路向敌人反击。白锡林带着两个班绕到山后搞了个突击。这时乌云密布，下起瓢泼大雨，队员们朝着敌人猛烈开火，敌人死伤数人，其余纷纷溃逃，游击队缴获了一些枪支和弹药。

安条岭战斗

游击队在深夜向安条岭北进途中，发现了敌情，原来是敌人妄图南北夹攻游击队。阎红彦通过口音判断南路敌

中国工农红军晋西游击队第一大队战斗历程示意图

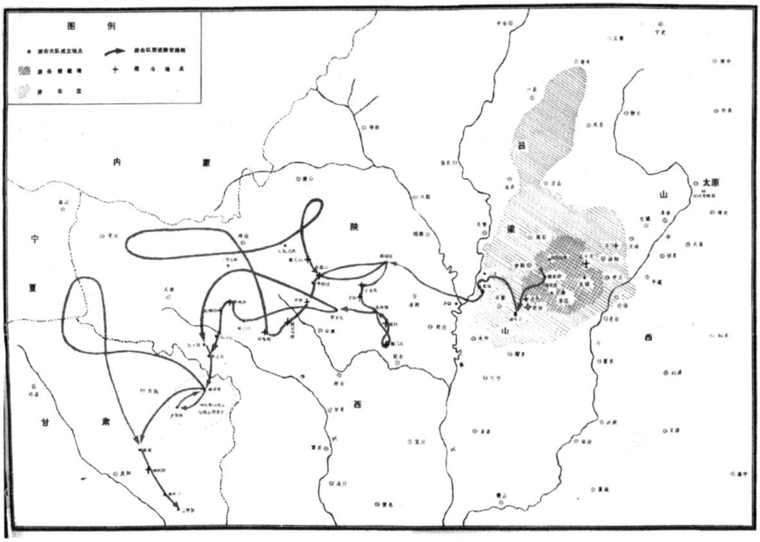

晋西游击队战斗历程示意图

人是外地人，估计是敌高玉亭营；北路敌人说当地土话，一定是民团。他们决定速战速决，逐一击破。阎红彦率领游击队首先向北边发起攻击，民团一打就垮，还活捉了几个敌人。随即组织火力，猛攻南边的敌人。强龙光、马佩勋等组成突击队，勇猛杀敌，高玉亭营也被打得狼狈不堪，纷纷溃退。这是游击队到陕北后的第一个以少胜多的战斗。拓克宽在这次战斗中负伤，后来英勇牺牲了。

营盘山战斗

1931 年 10 月 6 日（农历八月二十五日），部队行至营盘山，得知敌万宝山营纠集民团向游击队扑来。阎红彦立即命令部队占领有利位置，迎击敌人，双方展开激烈的战斗，从早晨一直打到中午，相持不下。

见此情形，阎红彦抽调强龙光、强世清、马佩勋等10余人组成突击队，绕过深沟插向敌人侧后，用机枪向敌指挥所扫射。敌军顿时大乱,其余队员乘机发起冲锋,敌仓皇溃逃。

这次战斗缴获步枪五六十支，子弹数千发，俘敌军和伤兵三四十人。杨重远政委把俘虏集中起来讲话，欢迎他们参加红军，想回家者每人发银圆两个，并把敌伤兵送往安定县城。游击队严格执行共产党优待俘虏的政策，在广大群众和敌军中产生了很好的影响。

玉家湾歼灭战

游击队在南沟岔时，得知敌人派来一个加强骑兵排，扬言要消灭游击队。队领导经过深思熟虑，决定先发制人，出其不意一举歼灭之。很快,游击队由当地老乡魏殿元带路，于拂晓前将敌军包围，战士们奋勇冲杀，全歼了敌人。

这次战斗缴获的武器弹药和马匹，使部队得到了很大的补充。这是晋西游击队入陕以来打的第一个漂亮的歼灭战，也是陕北特委指示晋西游击队和土客武装整编为一个游击支队后合作的第一场战斗。这一战斗的胜利，打击了敌人的嚣张气焰，提高了游击队的士气。

野鸡岔战斗

游击队在行动中，接到陕西特委指示：避开敌人主力，转到甘肃去开展游击战争。队委会决定，游击队兵分两路，一路由师储杰部北上，到葫芦河与晋西游击队会合；另一路西进到保安县（今志丹县）顺宁川、野鸡岔北时，与敌张廷芝部遭遇。

尖兵班马佩勋、郝金标等人首先同敌人交火，迅速占领阵地，郝金标将敌连长燕麦子击毙，敌人溃不成军，四散逃窜。

红柳沟遭遇战

晋西游击队在红柳沟与张廷芝部的另一股遭遇，敌人看到游击队的人数不多，发动猛烈攻势。阎红彦率领大家顽强还击，坚守阵地，直到后续部队赶来，走在前面的游击队骑兵队，闻枪声也折返回来。敌人遭到前后夹击，狼狈溃逃。

此战中，游击队缴获战马 10 余匹，步枪 10 多支和一些军用品。战斗结束后，大家发现阎红彦不见了，立即四处寻找，仍然没有找到。几天后，阎红彦才找到了部队。原来在战斗中，阎红彦不慎掉下深沟，昏迷过去，苏醒后翻山越岭回到部队。

土客武装再次加入游击队

在晋西游击队渡河入陕前后，曾经在吕梁山区活动的师储杰、肖永胜、杨琪、杨鼎等土客武装在反动派重兵“围剿”下，由在这些队伍里工作的共产党员引导，也先后西渡黄河来到陕北。这些土客武装自愿配合游击队，同游击队一起行动。陕北特委指示将土客武装和晋西游击队整编为一个游击支队。为了维护军纪，支队还成立执法队，由雷恩钧任队长。支队成立第二天就取得了王家湾歼灭战的胜利。

晋西游击队成为红军骨干力量

1932年1月上旬，陕西省委根据晋西游击队的具体情况和九一八事变后国内的形势，决定将这支部队编入西北反帝同盟军。

1932年2月，部队改称中国工农红军陕甘游击队。

晋西游击队策划的永安兵变

1930年冬，中共山西临时省委按照中央军委的会议精神，“党的工作必须是在准备革命兵变的方针指导下，发展同志，组织群众，开展斗争”。落实中共中央北方局天津扩大会议关于“确定山西为北方革命的重点”的指示，中共山西临时省委决定在山西吕梁尽快组织工农红军，创建新苏区，建立一支由省委直接领导的工农武装。

晋西游击队开始组建就积极地执行了中共山西省（特）委关于开展兵运工作的指示和决定，十分注意利用各种关系做晋西一带军阀部队中下层士兵起义策反工作，以加强游击队的武装力量，瓦解反动阵营，扩大党的影响。

汾阳永安镇是一个古镇，在城东北30里处，紧靠太汾公路，是当时晋西、陕北一线通往太原、北平（北京）、天津等地的交通要道。当时，永安镇驻有晋军赵协中部三营八连的三个排，这三个排分别驻扎在永安镇东的老爷庙、观音庙和源盛牛羊店。一、二排驻在紧挨着的老爷庙和观音庙，三排驻在距老爷庙、观音庙南70米处的源盛牛羊店。源盛牛羊店是陕北人白文轩（又名白克勤）和景芝贵（又名景玉峰）合开的店，驻军三排长牟 ××（名字未知）和班长冯金福常在此吃喝聊天。汾阳联络站负责人杨重远按照山西省（特）委的指示，积极开展兵运工作，利用和店主白文轩、景芝贵是陕北老乡的关系，经常去牛羊店小坐，有意接近驻军官兵。

功夫不负有心人，通过白、景二人，杨重远结识了牟排长和冯金福班长，渐渐地，由生到熟，杨重远和他们成了无话不谈的朋友。杨重远得知三排的 40 多支枪都是沈阳造步枪和晋造冲锋枪，虽然部队装备精良，但由于晋军中官员腐败，克扣军饷，士气普遍低落。包括牟排长这样的下级军官，同样也是怨声载道。杨重远还经常给牟、冯讲革命道理，不仅使他们逐渐产生脱离部队的念头，还引导他们做好对士兵的启发和教育，要他们更多地关心和团结士兵，直到后来把他们秘密发展为共产党员。

游击队成立后，杨重远将这一情况向游击队党总支和队委作了汇报，队委会经过研究，认为这个排具备了起义的条件，于是决定派副大队长阎红彦、政委黄子文和白锡林、胡廷俊四人深入汾阳掌握情况，具体策划发动兵变。

1931 年 6 月初，阎红彦等四人下山，到汾阳城东关万义客栈（联络站），向杨重远了解永安驻军和牟、冯二人的具体情况。阎红彦、白锡林、胡廷俊对深入敌人驻地搞这次兵变充满信心。政委黄子文认为搞兵变的条件还不够完

永安起义遗址

善，时机不成熟，因此没有参加兵变行动①。阎红彦等人坚持继续做策反工作，耐心地等待时机。就在阎红彦等三人在永安为兵变积极做准备工作时，住在汾阳联络站的刚加入游击队的新队员小米（十六七岁），也要求一起搞兵变，阎红彦便带他同去。

他们四人先到官道村的白文轩牛羊店住下，与牟排长、冯金福取得联系，共同研究了起义的方法、步骤，约好接头地点。牟、冯二人返回永安镇做部下的起义工作。阎红彦等白天在店里隐蔽，晚上就在敌人营房附近等候消息，

① 中共中央党史资料征集委员会征集研究室编，《中共党史资料专题研究集·关于“中国工农红军晋西游击队”的调查报告》，中央党史资料出版社1987年版。

一面继续侦察沿途岗哨分布情况，一面等候接应牟排起义，时刻准备配合兵变行动。他们连等两个晚上还不见行动，直到第三天晚上的深夜，牟、冯二人带着全排 30 多人、30 多支晋造冲锋枪和沈阳造步枪到约定接头地点，胡廷俊先迎上去，按预定的联络暗语接上了头。随后，阎红彦在前，游击队员带着起义战士巧妙地绕过沿途驻军岗哨，半夜急行军 70 余里，于天亮前到达薛公岭的王家池村，稍事休息。

起义队伍拉出永安后不久，就被敌人察觉。他们派出一个连的兵力，立即跟踪追击上来。当起义人员在王家池休息时，敌追兵已赶到王家池东，情况非常危急。这时，一个起义战士突然用枪对准阎红彦的胸口，说："你要把我们带到哪里去？"冯金福赶快拦着说："不要这样，有话好商量。"说着把那个战士的枪推开。阎红彦临危不惧、从容不迫地对全排起义士兵晓以大义："弟兄们，咱们已经到了我们红军晋西游击队的根据地，我们的部队马上就会来接应咱们，你们安全了。大家弃暗投明来到这里，就是回到了自己家里。"起义士兵瞬间安下心来，听从指挥。

接着阎红彦便指挥全排，一面迎击追兵，一面向指定地点转移，和大家一起击退了追兵，天亮时把起义人员顺利地带到山上，与前来接应的游击队员们会合。路上有部分起义士兵失散，小战士小米因体力不佳，并且背负着枪支弹药，在起义部队与追兵战斗转移时，落在了队伍后面，藏在一处草丛中，被敌追兵发现，抓到永安活活烧死。

起义部队被带回游击队驻地后，整编为晋西游击队第三中队。牟排长和冯金福分别担任正、副中队长。起义士兵带来的枪支全部是沈阳造步枪和晋造冲锋枪，是一批好武器。至此，晋西游击队已有队员90余人，长短枪80余支。

胡廷俊

由晋西游击队成功组织和发动的汾阳永安兵变，震动了山西当局，加强了晋西游击队的武装力量。

关于开展兵运工作，永安兵变的成功，是游击队坚定地执行山西特委决定的结果。在组织和策动永安兵变的过程中，晋西游击队指战员们采取了积极工作，实事求是的态度，虽然对游击队来说只是增加了一个排的力量，但它的作用和影响是深远的。

晋西游击队主要成员生平

阎红彦生平①

阎红彦

阎红彦（1909—1967），又名阎侯雁，出生于陕西安定县（今子长市）瓦窑堡一户贫苦农民家里。1924年为维持生计加入陕北军阀井岳秀部当兵，在李象九等共产党人的影响下开始接受马克思主义。1925年4月，年仅16岁的阎红彦光荣地加入了中国共产党，是陕北地区最早的共产党员之一。

1927年10月15日，阎红彦参加了陕北清涧起义，表现机智勇敢，出色完成了捉拿反动县长张友之的任务。起义失败后，阎红彦被迫流亡到山西绛县，并在晋陕两地从事革命活动。

1931年2月，中共陕北特委派富有兵运工作经验的阎

① 关于阎红彦的个人经历，出自中国大百科全书出版社《中国军事百科全书》一书，由中国军事百科全书编审委员会编写；四川人民出版社《阎红彦传略》一书，由毕兴、贺安华著。

阎红彦在西宋庄住过的北楼

红彦到山西组织红军游击队，山西特委书记刘天章随即派阎红彦到晋西吕梁山区建立革命武装。

1931年春，阎红彦与拓克宽、吴岱峰等人共同创建中国工农红军西北游击大队晋西游击队第一大队，任副大队长兼第一中队中队长。晋西游击队的红旗一举，劳苦大众纷纷参军，部队迅速扩大，威震山西。敌人纠集上万兵力“围剿”，游击队以一当百，英勇抵抗，战斗空前激烈。为了保存革命力量，阎红彦等按照中共山西省（特）委事先决定的部队在特别困难情况下转战陕西的指示，率部西渡黄河来到陕甘。随后大家推举阎红彦担任晋西游击队大队长。

同年10月，阎红彦率部与刘志丹领导的南梁游击队会合，任新成立的西北反帝同盟军第一支队第一大队大队长。阎红彦是晋陕甘红军早期主要领导人之一，是西北红军和西北革命根据地的主要创建者之一。

1932年2月12日，在甘肃正宁县三甲源，西北反帝同盟军改编为中国工农红军陕甘游击队，阎红彦先后任第一大队大队长、第五支队支队长，率部在渭北地区打土豪、分田地，建立苏维埃政权，他带领的部队被当地群众誉为救苦救难的“神军”。

同年6月，阎红彦任陕甘游击队总指挥，参与创建陕甘工农红军和开辟以正宁为中心的陕甘苏区。8月，因对“左”倾冒险主义及其给部队和作战带来的损失提出意见，被指责为“右倾机会主义”而被撤销总指挥职务。

1933年，阎红彦到上海中央局学习，后赴天津、热河、北平、张家口等地，先后在察哈尔民众抗日同盟军和中共河北省委军委工作。

1934年，阎红彦被选派为出席共产国际第七次代表大会的代表到苏联莫斯科，入国际马列学院、苏联红军陆军大学学习。后因共产国际与中共中央失去电讯联系，于1935年4月受命送密电码回国，同年底到达陕北。

1936年初，阎红彦任中国工农红军沿河游击司令，担负封锁黄河沿岸、保障红一方面军（抗日先锋军）东渡黄河的任务。4月任第三十军军长、政治委员，率部参加东征战役。回师陕北后，指挥所部在瓦窑堡地区抗击国民党军进攻，掩护中共中央机关安全转移。

全国抗日战争爆发后，阎红彦任八路军后方留守处警备第三团团长。1939年任警备第一旅政治委员，率部驻防甘泉、鄜县（今富县）一带，镇守陕甘宁边区的南大门。1942年入中央马列学院、中央党校，参加整风学习。

抗日战争胜利后，阎红彦任晋冀鲁豫野战军（后改称“中原野战军”）第三纵队副司令员、副政治委员兼政治部主任。

1945—1946年参加邯郸、陇海路、定陶等战役。1947年春在豫北攻势中，指挥部队攻克汤阴城，全歼国民党军暂编第三纵队，俘其司令孙殿英。继而参加鲁南战役，并随部进军大别山。1948年10月在郑州战役中，率主攻部队猛打猛冲，同兄弟部队一起将守敌全歼于市郊。淮海战役中，参加围歼黄维兵团的战斗。1949年2月—9月任第二野战军第三兵团政治部主任，参加了渡江战役和向西南进军。

1949年10月—12月，阎红彦任中共川东区委副书记、川东行署主任兼第二野战军第三兵团政治部主任，大力整顿社会秩序，领导群众恢复和发展生产。

1949年12月—1952年9月，阎红彦任川东行署主任兼川东军区副政治委员。

1951年起，阎红彦先后任四川省人民政府副主席，中共四川省委副书记、书记，四川军区副政治委员，四川省副省长兼中共重庆市委第一书记、中共中央西南局书记处书记。

1955年5月—1959年11月，阎红彦任成都军区副政治委员。

1955年9月，阎红彦被授予上将军衔和一级八一勋章、独立自由勋章、解放勋章。

1958年，阎红彦任西南协作区委员会委员。他敢于实事求是，对当时的“浮夸风”和某些“左”的错误进行了揭露和批评。

1959年11月—1966年5月，阎红彦任中共云南省委第一书记兼昆明军区第一政治委员。他还是中共第八届中央候补委员，第一至第三届国防委员会委员。阎红彦在云南期间，为云南的政治稳定、经济发展留下了历史性的业绩。

1963 年 12 月，阎红彦兼任云南省政治协商会议主席。他从云南多民族的特点出发，坚决执行党的民族政策，提倡在边疆少数民族地区传播先进科学技术，学文化、讲卫生，发展商品经济，使边疆地区的经济建设和精神面貌发生了显著变化。

“文化大革命”开始后，阎红彦受到迫害致死。

1978 年 1 月，中共中央对其冤案予以平反，并在北京八宝山革命公墓举行了骨灰安放仪式。

1987 年 7 月，在中国人民解放军建军 60 周年之际，四川人民出版社出版了《阎红彦传略》一书。邓小平为该书题写书名，彭真、杨尚昆、李达、刘澜涛、魏传统为该书题词，对阎红彦进行了公允的评价。

马佩勋生平

马佩勋

马佩勋（1907—1984），又名马英，出生于山西孝义碾头村一户贫农家庭。他幼时读过几冬私塾，14岁起先在兑九峪银炉学徒，后在隰县石咀会粮店当店员。

1924年，17岁的马佩勋到太原炮厂学徒，在七年的工人生涯中，饱尝人间辛酸，但也认识到穷人求解放的道理。在其表兄卫思聪（太原国民师范学生、中共地下党员）的影响和教育下，开始接触马克思主义，逐渐认识到“只有实现共产主义，劳苦大众才有生活出路”的真理。马佩勋曾和工友一起与资本家、工头做过斗争，并为共产党地下组织秘密提供过武器。

1931年5月，红军晋西游击队在孝义县西部山区成立，发动群众抗捐抗税，组织农会，与地主豪绅斗争，得到广大群众的支持和拥护。马佩勋返乡后，义无反顾地参加了这支队伍，同年8月加入中国共产党，历任晋西游击队战士、班长。后随部队西渡黄河，与谢子长、刘志丹领导的部队在陕北会合。后来，马佩勋历任陕甘工农红军游击队分队长、中队长、政委，西北义勇军政治部主任，陕北省苏维埃政府代主席，陕北省工会委员长等职，曾参加过安定、营盘山、瓦窑堡、三合镇、合水等 10 余次较大战斗。

马佩勋为发展和壮大人民武装，开辟陕北革命根据地，建立人民政权作出了贡献。1933 年冬，他指挥了葭县（今佳县）木头峪暴动，歼灭了张东蛟民团，成立了葭县游击队，在葭县、吴堡、绥德、米脂一带与神木、府谷、清涧等地游击队配合作战，开展陕北游击战争。

翌年，马佩勋率部在甘肃南梁袭击敌游击司令车奉夫部队，组成南梁游击队驰骋于陕甘交界地区，使敌人闻风丧胆。

1936 年，马佩勋随红军东渡黄河，担任中央地方工作委员会组织干事，协助张浩、李富春等发动群众，扩军筹款，曾在三天时间内给红十五军团扩军 500 人。

七七事变后，马佩勋受中共中央组织部委派任中共晋西特委书记，率晋西籍红军干部数名，由陕北返回吕梁山区开展抗日救亡工作。他先后在邓小平、杨尚昆、罗荣桓、林枫等直接领导下，在孝义、汾阳、灵石、隰县、汾西等地发动群众，开展武装斗争，为创立晋西北抗日根据地作出了重要贡献。

1938 年底，组建八路军一一五师晋西独立支队（即“陈支队”），马佩勋兼任二团政委。翌年，他数次率队担负由延安到太行山区护送干部、机密文件和兵工厂的转移工作。

1940—1945 年，马佩勋先后任太岳纵队四十二团政委、岳南第三军分区第二一二旅政委、中共太岳第二地委书记等职。

抗战胜利后，马佩勋任中共吕梁区委委员、第七军分区司令员兼政委、晋绥军区第二纵队副司令员，率领洪赵支队打回汾、孝、平、介地区，将广大人民群众从苦难中解救出来。

1947 年 7 月之后，马佩勋历任中共吕梁区九地委书记、第九军分区司令员，在解放战争、反奸反霸、三查整党、土改、民主建政等政治和军事斗争中，颇有建树。

在解放战争中，马佩勋参加了晋中、临汾等战役、战斗，在战斗中多次身负重伤。

中华人民共和国建立后，马佩勋先后任山西省委、省政府委员，省劳动局局长，山西省总工会主席，中国第一机械工业部工会副主席，宁夏回族自治区监委副书记，宁夏回族自治区高级人民检察院检察长，宁夏回族自治区高级人民法院副院长，宁夏回族自治区政协副主席，全国总工会八大、九大执委，全国政协第一至五届委员等职。

1984 年 12 月 11 日，马佩勋因病逝世，终年 77 岁。

张文蔚生平

张文蔚（1904—？），出生于孝义夹道村一个贫苦农民家庭。他 13 岁丧母，其父悲痛欲绝，弃家出走。从此张文蔚来往于辛庄舅父王瑞科与堂叔张学铭之家，过着流浪生活。

张文蔚的叔父张学铭曾在隰、孝、灵三县交界地成立义和团，率众抗清灭洋，声名远扬。他的舅父王瑞科是晋西游击队早期成员之一。受叔父和舅父的影响，张文蔚从小就有立志报国的理想。

张文蔚跟着舅父走南闯北，15 岁时就学得一身真功夫，练就一手好枪法，好行侠仗义、抱打不平，由此结识了许多朋友，辛庄、夹道就成了这些朋友的落脚点。

一天，张文蔚刚送走一伙土客朋友，突然听到不远处传来几声枪声，有二人肩背褡裢匆匆跑来说："后面有白军追杀。"张文蔚一看来人的穿着打扮，就知是江湖义士。他毫不迟疑地说："跟我来。"急忙把二人藏入堂叔家牛圈窑中，而自己则换上来人的白布衫，等追兵走近时撒腿就跑，敌人见状急忙追去。怎奈张文蔚熟悉地形，翻过一道山梁后，迅速爬上路边一棵柏树，藏在茂密的树叶里，敌人傻乎乎地一直往前追去。

张文蔚回家见到被救的两人，寒暄之后才发现原来彼此早已闻名。来人中领头的名叫白锡林，装扮成土客，实为陕西红军战士，今日执行任务路经温泉，不料敌人在城北沟路口突然设卡。因带有枪支，意欲躲避盘查，却被敌人发现一路追来。张、白二人一见如故，从此张文蔚跟随白锡林，成为白的得力助手。

张文蔚多次从汾阳、平遥一带阎军中买回枪支弹药，送往陕北交给刘志丹领导的游击队。据张文蔚的战友家属李永伦老人讲，只有张文蔚和白锡林等人才有可能见到刘志丹。

还有一次运送的武器较多，敌哨卡上又盘查甚严。张文蔚寻找当地地下党组织帮助，将枪支弹药装入棺木中，自己披麻戴孝化装成“孝子”，成功将武器运过黄河，完成任务。

1930年秋，中共山西临时省委根据北方局会议精神，决定在吕梁山建立工农武装，开展游击斗争。张文蔚被组织调派同阎红彦、白锡林去作争取土客的工作。他利用自己同土客特殊的关系，不顾个人安危，多次深入师老大、董老二等股土客的内部搭桥牵线，为争取工作清除了障碍。在晋西游击队筹备的过程中，张文蔚接受了联络保卫任务。他利用自己对当地情况熟悉的条件，多次圆满完成组织交给的任务。

张文蔚还与多次掩护过陕北红军的堂叔张学铭商量，

使堂叔家成为组织活动的一个秘密联络点。他还说服胆小谨慎的辛庄村表兄王继善，在他家的大院召开游击队成立大会。当组织决定惩处土客败类贺兆瑞后，他参加了抓捕的全部过程，在整个行动中表现出了过人的智慧，对完成任务起到了重要作用。

无论是在游击队开辟根据地的战斗历程中，还是在游击队反“围剿”斗争中，张文蔚利用自己是本地人的优势，积极参加了多次战斗，并毛遂自荐当向导、当尖兵，多次受到游击队领导杨重远和阎红彦、白锡林的表扬。

在游击队决定西渡黄河之前，白锡林同张文蔚单独谈话，白郑重严肃地说：“你是党的人，要严守党的机密，执行党的任务。组织决定将你留下继续进行活动，以后会有人单线与你联系，安排工作。”张文蔚虽然想和其他队员一起过黄河打游击，但他还是服从组织安排留了下来。

红军西渡黄河后，张文蔚以演皮影戏为掩护，继续在温泉一带秘密活动。不久,他的频繁行动引起了敌人的注意，在一次执行完任务后被捕，张文蔚遭受了严刑拷打，他坚贞不屈，敌人急于知道的游击队的一切他只字未吐。敌人又将他押往晋西游击队诞生地，迫使他指认当时在场围观的群众谁是共产党员。张文蔚宁死不屈，敌人恼羞成怒将张文蔚枪杀后，扔进辛庄村老爷庙旁的水龙窟内。

张文蔚的一生虽然短暂，但他永远活在我们心中。

（本文参考张太祥、武壮河撰写的《晋西游击队无名英雄——张文蔚》一文写作而成）

其他主要成员生平

1. 拓克宽

拓克宽

拓克宽（1905—1931），陕西省子洲县人。1924年春，拓克宽考入榆林省立第六中学，在共产党员李子洲等人影响下，走上革命道路。同年秋，随李子洲转入绥德省立第四师范学校。不久，加入中国共产党。

1925年春，拓克宽受组织派遣进入国民军第二军高桂滋部，历时五年，在杨重远、吴岱峰领导下从事兵运工作，曾任连司务长、连长等职，参加了北伐战争。先后担任该部二团中共党总支委员、三团党总支书记，在士兵中秘密宣传革命道理，发展党员、团员，建立党、团组织。1930年秋，拓克宽活动于晋西汾阳、离石、柳林一带，深入敌营搜集情报，购买枪械。

1931年5月，拓克宽与杨重远、黄子文、吴岱峰筹建山西省第一支工农武装——中国工农红军西北游击大队晋西游击队第一大队，任大队长，率队开展游击斗争。1931年9月，拓克宽率领晋西游击队西渡黄河，后在陕北的安定（今子长市）、安塞、清涧、延川等县广泛开展游击斗争，多次粉碎国民党军队的“围剿”。同年9月，游击队在靖边安条梁被国民党军重兵包围，拓克宽在侧翼牵制敌人的激战中不幸中弹，壮烈牺牲。

2. 黄子文

黄子文

黄子文（1908—1947），曾用名黄成章，陕西三原人。1926年，黄子文在上海参加革命工作，同年加入中国共产党，曾任中共三原特别支部书记。1928年，黄子文参与领导了三原农民起义。

1931年，黄子文受陕北特委派遣，在山西参加组建晋西游击队，后任中国工农红军西北游击大队晋西游击队第一大队政治委员。1931年9月，晋西游击队转移陕北后，黄子文先后任陕甘游击队政治部主任、红二十六军第二团政治部主任、富（县）耀（县）革命委员会主席、中共陕西省委候补委员、渭北游击总队第一支队副队长等职。参加了陕甘边苏区的创建和反“围剿”斗争。

1935年，黄子文曾受到“左”倾冒险主义者的错误处理，此后继续坚持革命斗争。1947年6月24日，黄子文在三原县小道口村与国民党军队的战斗中牺牲。

杨重远

3. 杨重远

杨重远（1894—1933），原名杨敬熙，号弘毅，陕西省绥德县麻地沟村人。13岁丧父后，杨重远被迫外出打短工、扛长工、当店员。1924年冬，杨重远在绥德县城一家商号当店员时，参加了陕西省立第四师范学校附设平民夜校的学习，在共产党员李子洲、王懋廷等人的影响下，接受革命思想。1926年上半年，经李象九、谢子长介绍，杨重远加入中国共产党。在此期间，通过社会关系，杨重远打入陕北军阀井岳秀部石谦团（不久扩编为旅）韩英盛连从事兵运工作。

1927年夏，大革命失败后，陕北处于白色恐怖之中，杨重远受党的指示，继续留在石谦旅从事兵运工作。1927年10月12日，在杨重远等人策动下，石谦部近千人在陕西省清涧县城举行起义，打响了西北地区武装反抗国民党反动派的第一枪。

1931年春，中共山西省（特）委决定在吕梁山区建立革命武装，杨重远受命与拓克宽、黄子文、吴岱峰、阎红彦、白锡林一起参与筹建，担任了中共山西省（特）委汾阳联络站主任兼临时支部书记。1931年5月，中国工农红军西北游击大队晋西游击队第一大队在吕梁西部山区的辛庄村成立，杨重远任游击队党总支书记，加强了党对游击队的政治领导。1931年9月上旬，游击队西渡黄河进入陕北，根据陕甘省委指示，晋西游击队改编为西北反帝同盟军（1932年2月改编为中国工农红军陕甘游击队），杨重远任参谋长。同年12月下旬，陕甘游击队改编为中国工农红军第二十六军第二团，杨重远任团参谋处处长。

1933年5月29日，部队在陕西安定县（今子长市）谭家岭遭到敌军两个连的袭击，杨重远在战斗中不幸腿部中弹，为避免做战俘，杨重远饮弹自尽，年仅39岁。

4. 吴岱峰

吴岱峰

吴岱峰（1903—2005），陕西省安定县（今子长市）人。1921年前往太原讲武堂学习，1926年参加革命，1927年加入中国共产党。

北伐战争时期，吴岱峰历任国民革命军西安军事政治队中队长、大队长、党总支委员、总支书记，国民革命军第十军驻郑州副官。大革命失败后，参与领导策划皖北和阜阳暴动，建立了安徽省第一个苏维埃政权。

1931年，吴岱峰受中共山西省（特）委派遣，参与创建中国工农红军西北游击大队晋西游击队第一大队，任晋西游击队支部委员和副大队长。同年9月，吴岱峰与拓克宽、黄子文、阎红彦等率晋西游击队突破黄河天险进入陕北。随后，晋西游击队改编为西北反帝同盟军（1932年2月改编为中国工农红军陕甘游击队），吴岱峰历任陕甘游击队党委委员、副总指挥兼第二大队大队长。

1934年2月后，吴岱峰历任陕甘边革命军事委员会委员、参谋长，组建并担任陕甘边红军军事政治干部学校副校长，红二十六军代理团长，陕甘宁晋红军干部学校校长，中国工农红军学校（红军大学前身）副校长，红军大学步兵学校校长(政委韦国清),游击学校校长,红二十九军军长，中央红军北路军参谋长，八路军陕甘宁晋绥联防军绥德警备区司令员兼党委书记，绥德警备区独立第一旅旅长兼党委书记，北线部队总指挥，榆林军区司令员兼党委书记。

1949年9月后，吴岱峰历任中共陕西省委委员、陕西省军区第二副司令员、西北军政委员会委员、最高人民检察署西北分署检察长。1950年至1952年，吴岱峰在中国人民解放军南京军事学院学习；1952年至1955年，在中央党校（马列学院）学习。1955年后，吴岱峰任八届中央监察委员会委员、西北红军战史编辑委员会副主任。1965年，吴岱峰受到错误批判，到中央组织部工作，担任中组部八处党支部副书记，随后到陕南农场劳动。1985年，吴岱峰离职休养。2005年9月在北京逝世，终年102岁。

（本文参考马卫平撰写的《晋西游击队部分队员简介》一文写作而成）

晋西游击队部分队员名单

姓 名	籍 贯	调派单位	身份
拓克宽	陕西子洲县	高桂滋部调来	师范学生
阎红彦	陕西子长县	中共陕北特委派来	完小学生
黄子文	陕西三原县	中共山西省委派来	中学学生
白锡林	陕西清涧县	中共陕北特委派来	完小学生
杨重远	陕西绥德县	高桂滋部调来	完小学生
党永亮	陕西绥德县	高桂滋部调来	师范学生
李成兰	陕西绥德县	高桂滋部调来	完小学生
胡廷俊	陕西绥德县	高桂滋部调来	师范学生
周维仁	陕西米脂县	高桂滋部调来	完小学生
符友坚	陕西佳县	高桂滋部调来	师范学生
陈玉清	陕西延川县	高桂滋部调来	师范学生
田有莘	陕西绥德县	高桂滋部调来	师范学生
史俊才	陕西子洲县	高桂滋部调来	师范学生
白树梅	陕西清涧县	高桂滋部调来	师范学生
刘昌汉	陕西子长县	高桂滋部调来	完小学生
曹鸿北	陕西米脂县	高桂滋部调来	师范学生

蒲正平	陕西绥德县	高桂滋部调来	师范学生
霍××	陕西绥德县	高桂滋部调来	中学学生
李生茂	陕西米脂县	高桂滋部调来	中学学生
常××	陕西米脂县	高桂滋部调来	师范学生
吴岱峰	陕西子长县	中共陕北特委派来	中学学生
张免芝	陕西米脂县	中共陕北特委派来	师范学生
李发荣	陕西榆林县	中共陕北特委派来	中学学生
杜鸿亮	陕西米脂县	中共陕北特委派来	师范学生
李素云	陕西绥德县	中共陕北特委派来	农民
王俊杰	陕西绥德县	中共陕北特委派来	农民
胡廷壁	陕西绥德县	中共陕北特委派来	工人
杜兴垣	陕西米脂县	中共陕北特委派来	中学学生
张　琪	陕西米脂县	中共陕北特委派来	中学学生
张忠继	陕西米脂县	中共陕北特委派来	中学学生
董金芝	陕西吴堡县	中共陕北特委派来	农民
寇世仁	陕西吴堡县	中共陕北特委派来	
李秉彦	陕西吴堡县	中共陕北特委派来	
李易儿	陕西吴堡县	自愿参军	农民
米××	陕西清涧县	自愿参军	完小学生
张应琪	山西离石县	自愿参军	农民
郝金标	山西平遥县	自愿参军	雇工
戴秉章	山西中阳县	自愿参军	农民
×××	山西离石县	自愿参军	
马三保	山西孝义县	自愿参军	
阎茂林	山西汾阳县	太原兵工厂调来	中学学生

马佩勋	山西孝义县	太原兵工厂调来	工人
安世仁	山西太原	太原兵工厂调来	工人
尹志安	山西	太原兵工厂调来	工人
魏　明	河北	太原兵工厂调来	学生
牟 × ×	河北	起义排长	
冯金福	河北武安县	起义班长	
赵　文		起义班长	
王 × ×		起义班长	

说明：这份名单是孝义党史办于 1985 年邀请当时健在的游击队领导吴岱峰及队员田有莘、蒲正平回故地座谈、考察时，由吴岱峰提供的。

晋西游击队大事记

晋西游击队大事记

1930 年

山西出现了创建工农武装的有利时机

10 月，中原大战以阎锡山、冯玉祥的失败告终，败兵溃退至山西境内，苛捐杂税多如牛毛，再加上散兵游勇的抢劫勒索，使山西人民更加苦不堪言。

各路军阀之间明争暗斗，客观上为革命力量的发展提供了有利之机，军阀内部都有党的地下支部在积极进行兵运工作。在驻平定的高桂滋部队里，有党员五六十人，其中不少是营、连、排级军官；在驻汾阳的冯玉祥军官学校1000 多名学员中，共产党员就有 200 多人，有几个党员还担任了军官队的大队长；在驻太原大营盘的商震军官教导团2000 多名学员中，共产党人近百人，建立了 10 多个党支部；在驻太原北门外晋军李服膺的十七团里，有共产党员和革命群众 50 余人；在驻运城宋哲元部第五师和驻晋城孙殿英的部队里，党的工作也很活跃。

山西出现了空前有利的革命形势，为创立工农武装，开辟游击根据地提供了极好时机。

中央将山西列为北方革命的重点

10月，中共中央北方局在天津召开了扩大会议，决定在山西尽快组织工农红军，创建新苏区，把山西列为北方革命的重点。

中共山西临时省委决定在吕梁山区建立一支工农武装

吕梁山区地形险要，距离省城较远，有利于开展游击战争，是搞武装斗争的好地方。大革命时期，吕梁人民就在党的领导下开始了争取解放的革命斗争，党在群众中有一定的基础。隔河相望的陕北，更有较长的革命斗争历史。

根据晋西吕梁山区所处的地理位置，山西临时省委决定，在吕梁山区建立一支由党直接领导的工农武装，开展农村游击战争，并就此与中共陕北特委取得了联系。

配备游击队中坚力量

年底，山西临时省委从高桂滋部队抽调的党员拓克宽、杨重远、周维仁等先后到汾阳、离石、柳林一带开展创建游击队准备工作。中共陕北特委接到山西临时省委通知后，先后派参加过1927年清涧起义、有武装斗争经验的阎红彦、白锡林等到晋西吕梁山区，参加创建游击队的活动。

1931 年

中共山西临时省委改为中共山西特委

1 月，中共山西临时省委改为中共山西特委。

中共山西特委、太原市委举行联席会议

4 月 24 日，中共山西特委、太原市委举行联席会议。会议决定将党的工作重心转入农村，开辟与发展太原、晋中一带及河东、晋北、晋西的农村工作，组织红军，开展游击战争，创建根据地，实行土地革命，同时决定大力策反国民党部队中的先进分子。

中共山西特委召开军事会议

5 月初，中共山西特委召开军事会议。会议根据中央军委部署，决定把活动在吕梁山的土客武装争取过来，开展晋西的游击战争。会议指出：党的工作必须是在准备革命兵变的方针指导下，发展同志，组织群众，开展斗争。

山西特委军事会议后，即按预定计划分头开展工作。刘天章除领导全面工作外，还直接领导晋西游击队的创建工作。在他的领导下，晋西游击队的各项准备工作都在加速进行。

在汾阳万义客栈建立秘密联络站

汾阳是太原到晋西吕梁山区以至陕甘宁的必经之路，

是个工商并茂的县城，驻有冯玉祥的一个教导团(汾阳军校)和一个负责维持治安的团。根据中共山西特委指示，杨重远将党的秘密联络站设在东关的万义客栈。经理李海山、阎万清是陕北人，他们非常同情革命。杨重远利用老乡关系，做他们的工作，使客栈成为游击队的转运站。李海山、阎万清多次协助游击队掩护来往人员，转运枪支弹药。从特委派来及从太原兵工厂、军阀高桂滋部队调来的30余名游击队骨干，都是经这个联络站先后到达山区的。

组建临时党支部

为了加强汾阳联络站的工作，与晋西各县地方党取得联系，迅速组建游击队，在筹建人员中组建了临时党支部，由杨重远任党支部书记，阎红彦、拓克宽、黄子文、吴岱峰为支部委员，白锡林为候补委员。

筹备工作就绪

5月初，中共山西特委刘天章、谷雄一和负责组建游击队的拓克宽、阎红彦等，在太原南郊并州养蜂场召开会议，确定了游击队的名称、任务、行动方针和活动区域，以及游击队与特委的联络等项事宜，并通过了由游击队临时党支部建议的游击队领导人选。游击队的30余名骨干成员已陆续上山，集中在隰县辛庄及附近地区。

晋西游击队成立

5月上旬的一天早上，晋西游击队召开了成立大会，由拓克宽主持，宣布将游击队命名为中国工农红军西北游击大队晋西游击队第一大队（简称“晋西游击队”）。

从此，吕梁山上飘起了第一面有镰刀、锤头的革命红旗，山西第一支由共产党直接领导的革命武装诞生了。

晋西游击队以西宋庄为中心建立游击根据地

5月中旬，游击队成立后不几天，队伍就转移到孝义西宋庄。从此，晋西游击队就以这里为根据地，在吕梁山展开了一系列游击活动，并开辟了包括孝义、汾阳、离石、方山、兴县、临县、中阳、隰县、石楼、介休等县在内，面积约为15000平方公里的广大游击区。

发动永安兵变

6月至8月，游击队成功策反了敌驻汾阳永安镇一个加强排起义，发动了永安兵变，增强了游击队的力量。

晋西游击队威震敌胆

游击队成立后，以汾阳县三道川、中阳县上桥村、孝义县邬家庄及西宋庄为中心开展游击活动，带领当地群众斗争了孝义县碾头村、中阳县上桥村和后师峪村的地主恶霸，没收了他们的财粮。游击队在一些村庄成立了农民协会，帮助部队代购粮食，搞情报，发动群众抗粮、抗税、抗捐，在对敌斗争中发挥了积极作用。为了开辟、扩大和巩固游击根据地，保卫群众斗争的胜利成果，游击队在吕梁山区与敌人进行了多次战斗。

晋西游击队展开反“围剿”斗争

8 月，徐永昌取代商震任国民党政府山西省主席后，派了重兵向晋西游击队开创的吕梁山根据地“进剿”。面对敌人的“围剿”，晋西游击队浴血奋战，终因寡不敌众，被迫向西转移。

晋西游击队突围西渡

8 月下旬，晋西游击队最后只剩下骨干 30 多人，处境更加困难，山西特委又遭到敌人破坏，切断了和游击队的一切联系，使游击队失去了依靠，粉碎敌人“围剿”已无可能。游击队指战员决定按山西特委早有的指示精神，西渡黄河转移到陕北去，继续开展游击战争。

9 月 2 日，晋西游击队 30 余名队员从中阳三交与石楼辛关间的黄河边，乘坐羊皮筏子分批渡过了黄河。

晋西游击队转战陕甘

从此，游击队在中共陕北特委和陕西省委的领导下转战陕甘。

附录

回忆中国工农红军晋西游击队（节选）

吴岱峰　马佩勋　马云泽

中国工农红军晋西游击队是1931年春夏之交在中共山西省（特）委领导下成立的。这支百余人的革命武装在吕梁山区汾阳、孝义、离石、中阳、石楼等县，有力地打击了敌人，建立了游击根据地，发动群众抗粮、抗捐，组织农民协会，斗争地主豪绅，并在孝义县西宋庄（今属交口县）等地建立了苏维埃政权，从而发展了革命力量，播下了革命火种，得到了广大群众的支持和拥护。后因敌人调遣强大兵力围攻，游击队按照省（特）委的指示精神，实行战略转移，西渡黄河，先后在中共陕北特委和陕西省委领导下，坚持和发展了陕甘游击战争。

晋西游击队转战晋陕甘三省，经过曲折历程，成为后来建立的中国工农红军陕甘游击队、红二十六军的重要组成部分，为创建西北红军做出了宝贵的贡献。

当时山西省的政治情况

1930年，山西经过蒋、冯、阎中原大战后，冯、阎战败。冯玉祥、高桂滋、孙殿英、阎锡山等部溃退至山西境内，各自掠地自保，大小军阀勾心斗角，内部矛盾十分尖锐。

山西劳苦大众在阎锡山的长期统治下，饱受欺压、剥削之苦。再加上军阀混战，苛捐杂税多如牛毛，又有散兵游勇的抢劫勒索，更加重了人民在经济上的负担，使山西人民处于水深火热之中。各路军阀为了筹集粮饷，对老百姓的敲诈勒索日益苛刻，致使民不聊生，怨声载道。政治的腐败和经济的凋敝，使山西省的政局非常混乱，民众的抗税、抗捐斗争不断发生。

当时，在山西的各路军阀部队中，都有党的秘密组织。驻平定县的高桂滋部、驻侯马的杨晓初部、驻汾阳的冯玉祥部军官教导团，以及太原的炮兵团等部队中，都有党的地下支部在积极进行兵运工作。根据中共山西省（特）委的计划，准备举行武装起义，创建工农红军，开辟山西革命根据地。

晋西吕梁山区土地贫瘠，交通不便，土豪劣绅、地主恶霸对老百姓的统治尤为残酷。党利用这一有利形势，在群众中进行宣传，在原有基础上进一步发展党的组织，引导群众有组织地进行革命斗争。

中国工农红军晋西游击队第一大队的建立

吕梁山区山峦起伏，地势险要，有利于开展游击战争，是搞武装斗争的好地方。中共山西省（特）委决定，在吕梁山区建立一支由党直接领导的工农武装，开展游击战争。

1930 年，在中共山西省（特）委领导下，有杨重远、拓克宽、周维仁、董金芝等同志先后到汾阳、离石、柳林一带开展创建游击队的准备工作。不久，中共陕北特委先后派来阎红彦、白锡林等同志到晋西吕梁山区，参加创建晋西游击队的活动。为了便于游击队与山西省（特）委联系,还通过地下党员筹集了 1600 余元,以“实业救国”为名，在太原南郊开办了一个并州养蜂场作为地下活动的秘密联络机关，由朱敏、田有莘等同志负责。省（特）委领导人刘天章同志曾在这里召集专门会议，确定了晋西游击队的名称、任务、活动方针、负责人选和筹备工作的组织分工，并决定抽调工厂、农村和军阀部队中的地下党员作为游击队的骨干力量。杨重远、拓克宽、阎红彦、白锡林等同志都曾到这里多次参加秘密会议，向党请示和汇报工作。这个养蜂场还为后来成立的晋西游击队转送过人员和枪支弹药等。

在吕梁山区有一些往来于黄河两岸的武装土客。山西省（特）委负责军委工作的梁干臣同志在太原向阎红彦、白锡林、拓克宽、杨重远等同志传达了省（特）委的指示，要他们将土客争取改造过来，利用土客的人和枪开展游击战争。阎红彦等认为这些人唯利是图，纪律不好，难以改造。但省（特）委分析了利弊，认为在党的领导下，对他们加强教育改造工作，这支力量还是可以利用的。对其中不接受改造的人可以清除。阎红彦、白锡林同志曾被派往史治贵一股土客中去做工作。但由于土客成分复杂，纪律涣散，特别是由于史治贵采取反对态度和破坏行动，所以一时未能把他们争取过来。

晋西游击队的成员包括：省（特）委从太原兵工厂调来的尹子安、安世仁、马佩勋等10余个党员同志，陕北特委先后派来的阎红彦、白锡林等一批党员，从军阀高桂滋部调来的具有作战经验的一批党员，以及在吕梁山地区吸收的赤贫农民。为了加强汾阳联络站的工作，并与晋西各县地方党组织取得联系，游击队内还组织了临时党支部，由杨重远任支部书记，阎红彦、拓克宽、黄子文、吴岱峰为支部委员，白锡林为候补委员。以杨重远为主任的联络站负责筹集武器弹药，转运调配人员等，为建立晋西游击队做了大量工作。阎红彦同志负责太原、汾阳和吕梁山区的联络。白锡林则回山区做游击小组和群众的工作。

汾阳是太原到吕梁山区以至陕甘宁的必经之路，是个工商并茂的县城，驻有冯玉祥的一个教导团和一个负责维持治安的团。杨重远同志将秘密联络站设在东关商业区的万义客栈。栈房经理是李海山、阎万清。他们同情革命，协助游击队掩护来往人员，转运枪支弹药。从太原兵工厂和军阀高桂滋部队中调来的骨干共有30余人，都是经这个联络站先后到达山区。当时游击队的武器共有长短枪25支，其中拓克宽、李成兰、曹鸿北等随身带来的盒子枪有9支，勃朗宁手枪2支，联络站转运来步枪有晋造三八式6支，湖北造3支，马步枪5支。

这样，准备工作基本就绪，创建游击队的条件已经具备。1931年春夏之交，游击队在隰县辛庄村（今属交口县）一家老乡的大院里举行了庄严的成立大会。会场上插着大队的队旗。大队队旗中央有镰刀、锤头和五角星，旗上写着游击队名和“全世界无产阶级及被压迫民族联合起来”的口号。院内外贴着大幅标语。参加大会的除全体队员外，还有当地的群众。指战员每人佩戴红领带（表示勇于为革命流血牺牲，所以又名“牺牲带”。在游击队的全部活动中指战员都佩此带）。成立大会由拓克宽主持，他宣布了根据省（特）委意见由党支部建议的领导人员名单，全体队员举手表决，一致通过。游击队命名为“中国工农红军西北游击大队晋西游击队第一大队”（以下简称“晋西游击队”），大队长拓克宽，副大队长阎红彦、吴岱峰（在汾阳，未到会），政委黄子文（在太原，未到会），党总支书记杨重远，财经员白树梅。大队辖两个中队，第一中队由阎红彦兼任队长，辖胡廷俊、李成兰等三个班。第二中队白锡林为队长，辖陈玉清、周维仁等三个班。杨重远在会上宣读誓词，全体队员举手宣誓：

吕梁山上红旗飘，红军诞生在今朝。

马恩列斯为导师，共产主义是目标。

队前宣誓决心表，革命到底不动摇。

宣誓后，由阎红彦同志讲了国内斗争形势，介绍了中央苏区和鄂豫皖苏区的扩大和红军所取得的胜利，并讲解了成立工农红军进行武装斗争的重要意义，以及红军的性质、任务、纪律和毛泽东同志制定的游击战“十六字诀”等。成立大会在嘹亮的《国际歌》声中结束。

吕梁山上举起了第一面标有镰刀、锤头的革命红旗，诞生了山西第一支由党直接领导的工农革命武装。

晋西游击队的活动

建队后，党总支作为战斗的核心，发挥积极的领导作用。阎红彦同志任组织委员，黄子文同志任宣传委员，拓克宽同志任军事委员，白锡林同志为候补委员。支部下设三个党小组，大队小组由拓克宽兼组长，一中队由田有莘任组长，二中队由曹鸿北任组长。规定党小组每半个月开一次会，支部会一个月一次，有重要问题由支部书记随时召集开会。当时对部队的政治工作抓得很紧，战士每周举行一次班务会。班里选拔政治觉悟高的群众为政治战士，作为培养入党的对象。如胡廷壁、董金芝等人都当过政治战士，后来加入了中国共产党。

游击队的宣传工作，由政委直接负责。队伍行军、宿营时，以及战斗间隙里，都向群众作宣传工作，讲游击队的性质，发动群众起来抗租、抗税，同地主、老财、官府、劣绅作斗争。游击队还在吕梁山区到处张贴布告，宣传红军的政治主张，其内容如下：

中国工农红军晋西游击队第一大队布告：

红军是人民子弟兵，为劳苦群众而战。

推翻国民党的统治，打倒贪官劣绅土豪。

铲除地主剥削压迫，实行废债务分土地。

保护正当的工商业，建立苏维埃政府。

人民群众团结起来，共同夺取革命胜利。

大队长：拓荒（拓克宽）

政委：黄成章（黄子文）

为了扩大游击队在群众中的影响，由党永亮、蒲正平等同志专门负责组织人员沿途刷写革命标语。标语的主要内容有：贫苦农民组织起来！成立农民协会！打倒国民党！建立苏维埃政府！建立农村革命政权！没收地主财产分给贫苦农民！废除一切苛捐杂税！……

部队要求严格执行毛泽东同志制定的“三大纪律、八项注意”，还经常帮助贫苦农民，给粮给物，和吕梁山的穷苦百姓建立了鱼水深情。

游击队以汾阳县三道川，中阳县上桥村，孝义县的邬家庄、西宋庄为中心开展游击活动。在这一带结识了不少的贫苦农民，结交了一些朋友。在这几县地方党组织的领导下，有些村建立了农民协会（简称“农会”），实质上成为游击区的村政权。他们帮助部队代购粮食，搞情报，组织发展群众团体（妇女会、儿童团、青年团等），进一步发动群众抗粮、抗税、抗捐，组织群众斗争地主恶霸，没收他们的财产。群众团结在农会周围，农会成为对敌斗争的一个有力组织。

中阳县上桥村有个土豪叫杜寿高，有土地两座山，有雇长、短工 30 余人，剥削农民十分凶残，周围几十里内的群众都对他切齿痛恨。游击队帮助农会发动群众斗争了这个地主，没收了他的粮食和财物，分给了穷苦群众。

在中阳县的后师峪，游击队由郝金标（当地地主的雇工）带路，斗争了土豪郝守富。接着，孝义县碾头村群众纷纷要求游击队逮捕横行乡里的大恶霸地主武世恭。此人倚仗他儿子武孟猷（留日学生，当时在太原）的权势，在碾头鱼肉乡民，作恶多端。他听说游击队要来逮捕他，闻风而逃。经马佩勋同志的详细侦察，确悉武世恭及其子武振纲逃到了介休县的张兰镇。张兰镇是平原地区的一个重镇，驻有不少国民党军队，戒备森严，岗哨密布。在当地农会的帮助下，阎红彦同志乔装打扮成商人、深入虎穴、智擒恶霸。他带领四个游击队员把武世恭等人抓住，并且在碾头村没收了他家的财产，分给了贫苦农民，组织群众清算了他的剥削账，迫使其退赔了所放的高利贷。消息传开,震撼了远近的恶霸地主。后师峪人任耀金同志现年66岁，谈起当年分粮情况仍记得非常清楚。

游击队在劳苦群众中的影响扩大了，得到了更多群众的拥护。一些贫苦农民纷纷要求参加游击队，先后有郝金标（雇工）、张应棋、戴秉章、马三保（雇工）等20多位同志加入了游击队。

汾阳县永安镇有白军一个排。这个排的牟排长（名字记不清）和班长冯金福同地方党组织和汾阳联络站有联系。经过游击队和地下党组织一段时间的争取工作后，这个排具备了起义的条件，联络站通知游击队策应这个排起义。阎红彦、白锡林、胡廷俊等同志遂前往永安镇，住在同情革命的白文轩、景芝贵开的牛羊店里。他们和牟、冯二同志接上关系后便积极策划布置，用了三天三夜时间，这支部队终于在4月中旬的一个夜晚举行了起义，由阎红彦同志带领向山区疾进。

部队西进到王家池，敌人一个连的追兵赶来。在激战中，起义部队中有个士兵见形势危急，突然把枪对准阎红彦，质问阎红彦："你要把我们带到哪里去？"阎红彦沉着应对，向他们晓以大义，使之听从指挥，和大家一起击退了敌人，天亮前顺利转移到指定地点，最后与游击队会合。当时有一个姓米的青年学生，走在这支起义队伍的最后，不幸被敌人捕去，带回永安镇活活被烧死了。起义士兵带来的枪支是一批好武器。这时部队已有90多人，长短枪有80多支。起义部队编为第三中队，牟、冯为正副中队长。

西宋庄是靠近吕梁山山顶的一个大村庄，地形险要，人口较多。游击队移驻这里后，由农会帮助，开办了一所列宁小学（当年的学生王崇祥、郭成柄、武光锁、武正乾等同志都还健在，现在年龄已在60岁以上），儿童入学一律免费。由队委党永亮同志负责主办，游击队员轮流讲课，教唱《国际歌》。游击队还办了一个农民夜校，吸收附近农会干部和贫苦农民参加学习。由队员们分担课程，讲地主豪绅如何剥削压迫穷人，穷人为什么穷；讲怎么组织起来、团结起来闹革命的道理，启发阶级觉悟；发动他们组织起来同反动派作斗争，为成立农村苏维埃政权培养了骨干。这一带很快开展了打土豪、分牛羊、分浮财的斗争。劳苦群众笑逐颜开，青年们积极参军。群众唱起自己新编的山歌：

正月里来是新春，我望我郎当红军。
如今革命高潮起，小郎哥呀，送你去当红军。
哎嗨哟！
二月里来刮春风，穷苦人民闹翻身。
吕梁山上搞武装，同志们呀！团结闹革命。
哎嗨哟！

游击队指战员在春耕和夏忙的时候，常到贫苦农户家去帮着干活，送肥、翻地、整田，还给无劳力的穷人家砍柴、挑水等。队员们和群众在劳动中建立起了深厚感情。敌人如有活动，群众会很快地向游击队报告。部队除了打仗、宣传组织群众、帮老乡干活之外，还经常抓紧时间搞各种军事训练，爬山、瞄准、射击、劈刺、投弹；学习毛主席的游击战术，敌进我退、敌驻我扰、敌疲我打、敌退我追；讲如何利用地形、地物，以及各种武器的性能和使用方法，使游击队的战斗力得到进一步提高。

游击队在吕梁山区的几次主要战斗

初战中阳留誉镇

中阳县留誉镇驻有敌巡缉队 20 余人，步枪 10 多支，是敌人在吕梁山的一个防御据点，距游击队驻地约有 80 里。队委研究了情况，决定拔掉这个据点。建队后没几天的一个深夜，部队到达留誉镇。由拓克宽指挥，阎红彦中队主攻，白锡林中队向中阳县警戒，以迎击增援的敌人。但部队过早地被敌人发现，鸣枪报警，致敌人全部龟缩在碉堡里不出来。队领导急于打好这一仗，下令猛攻，田有莘、阎茂林二同志负伤。这时我火力集中射击，敌人见势不妙，从碉堡后面的通道逃跑了。我们只缴获步枪一支。

战后，游击队分析了这次战斗不利的原因，认为是对敌情了解不详，情报不实，地形不熟，轻易出击，以致没有取得预期的战果，指战员都认为应吸取这次战斗的经验教训。

锄家沿遭遇战

锄家沿在孝义县和中阳县的交界处，是个只有几户人家的小村子。1931 年农历四月间，游击队在上桥村打了土豪杜寿高之后，转回根据地路过这个村子时，队伍停下来休息。敌军也向这里开来，事先双方都没有觉察，直到敌人走近我们哨兵时，才被担任警戒的杜兴垣发现，鸣枪报警。这里山高林密，敌人抢先占领了有利地形，居高临下向我们住的村庄猛烈射击。阎红彦临危不惧，命令部队分组抢占了西面和北面山头，同敌人展开了激烈的战斗。敌人只注意到西边和我们相持激战，阎红彦却在北山组织了一个枪法好的突击队，由白锡林带领绕到敌人侧翼，向敌人马群猛烈射击。特等射手白锡林将敌指挥官击中倒下马来，一时使敌人乱了阵脚。阎红彦乘机吹起了冲锋号，我们分散在各山的人员一起射击，枪声四起。这时又下起倾盆大雨，敌人不知我方虚实，溃散而逃。战斗结束清理战场，缴获敌枪数支。牟中队长牺牲。蒲正平负伤，由地方党组织送进医院治疗。当地群众给我们送水送饭，庆祝游击队取得胜利。

水头镇伏击战

夏季的一天，石楼县水头镇地方党组织送来情报，说白军来了一个连，住在水头镇，是来“围剿”我们的。水头距游击队驻地只有四五十里。经队委研究，决定在敌人出击必经之路上，选择有利地形打伏击以消灭敌人。战斗由拓克宽、阎红彦指挥。游击队先派白锡林化装前往侦察，部队天黑后出动，在水头不远的地方，选择了一个两面是高山密林的有利地形埋伏，等待敌人到来。

拂晓，敌人的几个侦察兵探头探脑地走过来了。游击队没有惊动他们。等敌人全部进入包围圈后，阎红彦鸣枪为号，游击队集中火力向敌人射击，把敌人打得晕头转向，乱成一团，拼命向山里逃窜，准备占据制高点，死里逃生。游击队预先埋伏在此的胡廷俊小组，占据有利地形，对反扑的敌人猛烈射击，杀伤不少敌人。经过激战，敌人大部被歼灭或当了俘虏，只有少数几个逃跑了。这一仗，我们俘敌五六十人，缴获了敌人的全部武器弹药，给了敌人以有力的打击。

游击队进占水头镇，队员们在街头刷写标语，散发传单，并召集群众大会，宣传革命道理和党的政策。会上还宣布了对俘虏的处理，愿意参加红军的欢迎，愿回家的发给路费，每人两块银圆。会后，以饭招待俘虏，把愿回家的送出了警戒线。俘虏们感动地说："红军长官给了我们一条命，我们再也不当兵打红军了。"由于贯彻了党的俘虏政策，扩大了政治影响，游击队的声威更大了。

老鸦掌战斗

游击队向石楼前进时，经过老鸦掌。这里地形险要，遍布崇山峻岭，周围没有村庄，只是半山腰有一个骆驼场。部队就在这里宿营。天亮后，发现了敌人的便衣侦探，警戒班把这几个人活捉了。这时敌人已发现了我们，向我们射击，随之高山上的敌人也开了枪，我们的警戒班迅速撤回来。

游击队听到枪声，拓克宽率队当即爬上南山占领有利地形阻击敌人，沉着应战。待敌人到近距离时，才用手榴弹和机枪猛投猛射。敌人死伤了几个，退下山去。一会儿敌人又组织力量进攻，多次被打退，战斗持续到中午。当时晋西游击队的武器弹药是很宝贵的，不能和敌人打消耗战。午后，游击队撤出了战斗，向高山上转移。

晋西游击队反“围剿”，西渡黄河，实行战略转移

1931 年农历七月间，山西省主席商震下台后，由徐永昌继任，驻扎山西的各派军阀的矛盾暂时缓和，形成了一致反共的局面。

这时，晋西游击队已发展成为百余人的武装部队，威震晋西。吕梁山区各县反动政府纷纷向省里告急。不久，徐永昌派了一个师、一个炮兵团和地方武装共万余人，气势汹汹地来“围剿”晋西游击队。敌军推进到吕梁山边沿，在高山路口遍设哨卡，步步进逼，重重封锁，妄图消灭晋西游击队。

游击队成立之前，省（特）委就指示游击队，如敌人调遣强大的兵力围攻，游击队在无法立足时，为了保存这支红色武装力量，应西渡黄河转移到陕北去继续开展游击战。省（特）委同时将此事通知了中共陕北特委。

夏末，阎红彦等同志不畏艰险，从太原运回了 2000 发

子弹和其他武器。阎红彦又秘密来到太原，向省（特）委汇报了吕梁山地区的严酷斗争形势。省（特）委根据情况的严重性，指示做好反“围剿”的准备，一旦情势危急，就按原定计划渡过黄河到陕北开展游击战争。

游击队在离石、中阳等县绕到敌后，向敌人展开游击战，采取机动灵活的战术给敌人以有力打击，拔除了一些据点，后来又袭击了吕梁山南部的敌巡警队。在中阳县的暖泉、隰县的水口、永和县境等地扫除了敌人一些哨所，逮捕了一些土豪、地主。游击队紧紧依靠群众，昼伏夜出，时而集中，时而分散，时而采用奔袭方式消灭敌人的小股武装，同敌周旋。但是由于敌我力量悬殊，敌人倚仗强大的兵力步步为营，加紧搜山，使游击队活动范围越来越小了。

游击队只好向隰县一带运动。一天，当部队进到坡牛山时，发现了敌人的一支搜剿部队。游击队迅速抢占了有利地形，同敌人展开战斗。敌军在机枪、迫击炮掩护下，对我军阵地发起冲锋。队领导认为敌强我弱，不宜恋战，便命令李成兰等几个同志掩护，各队以班为单位撤出战斗，转移到东山顶的小白庙集中。当晚，队伍集中后清查人数，发现杜兴垣等八九人失踪，战士张琪负伤，遂派张忠继护送出山，找地方党组织设法掩护救治。敌人的包围圈越缩越小，群众遭到残暴镇压，给游击队送粮、送情报也越来越困难。游击队转移到西宋庄、上桥一带，得悉敌军已侵占了关上、楼底等处，杀害农会干部，烧毁了游击队住过的老乡房舍，正在派重兵侵占西宋庄一带。游击队决定向南移动，以避免与敌主力作战。后来又迫不得已突围西进。

这次战斗就成为晋西游击队在吕梁山的最后一次战斗。

游击队退入密林山区，只能在山上兜圈子，开始群众还能断断续续地送粮送饭，后来与群众的联系全部被敌切断。游击队经过一段艰苦转战，有了较大减员。队员们只能用野菜充饥。这时山西省（特）委又被叛徒出卖，遭到大破坏。游击队和上级党组织失掉了联系。这时平定起义后创建的红二十四军也离开了晋东开向晋冀边界。晋西游击队的处境更加恶化了。在这种严重的情况下，农历七月十五日，在一个高山顶上召开了队委扩大会议，会上发生了原则的意见分歧。一部分人有严重的悲观情绪，只看到敌暂时强大，自己力量弱小的一面，主张埋枪散伙，等以后局势好转了再干；另一部分同志则主张在晋西和敌人打到底，为革命拼个死活。拓克宽、阎红彦、杨重远、吴岱峰、马佩勋、白锡林、胡廷俊、符以坚、陈玉清等同志则坚决主张按山西省（特）委早先的指示精神，西渡黄河，转移到西北去开展游击战。也有一部分人不愿意离开家乡，不主张过河到陕北。在激烈的争论中，阎红彦等反复地分析了当时各方面的情况：山西方面，徐永昌视晋西游击队为心腹之患，下决心要消灭这支武装；在军事上，敌人多于我们数百倍，层层封锁，隔绝了游击队和游击根据地群众的联系；又失去了和山西省（特）委的联系，很难在晋西坚持下去。反观陕北方面，大革命时期就有武装斗争的经验，大革命失败后，陕北党组织转入地下，在农村和农民群众中有基础，地方党组织和群众条件较好，晋西游击队到陕北人地皆熟；军阀统治力量较弱，一些军阀部队中有我们党的秘密组织；

同时估计谢子长、刘志丹等同志还在西北活动，能找到他们共同开展对敌斗争。经过这样摆情况、讲道理，结果意见取得统一，游击队指战员们决定突围，西渡黄河，转移到陕北去打游击，以保存和发展这支历尽千辛万苦创建并经过严峻考验的红色武装。有一部分同志不愿过黄河到陕西去，要求回家乡活动。经队委研究同意，每人发给 30 块银圆作路费。他们表示以后仍要积极进行活动，能带枪的还带走了枪支弹药。这时部队共 30 余人，每人挑选好枪两支（盒子枪 18 支、冲锋枪 21 支、步枪 24 支、小手枪两支，共计 60 余支）。其余的就埋在山中，请当地同志设法联系地下党，给予处理。

到黄河边要行军 200 多里，还要突破敌人重重封锁，困难很大。但我们满怀着胜利的信心在人迹罕见的深山里向西行动。一天夜晚，部队在高山崇岭行军，迷失了方向。在危难之际，突然发现了灯光，杨重远和阎红彦去侦察，原来是一位老乡，还认识阎红彦。他对阎说："我姓郭，是陕北安定县（现子长县）瓦窑堡河东人，民国十年逃荒来到这里（石楼县）的。我认识你，你是游击队。老百姓暗中保护着你们红军呢。"他还说："山上和路口都有敌人的哨卡，只有前边一条石沟没有敌哨兵。从这条沟摸出去，走十多里路就没有敌人了。"我们按老乡指明的方向前进。

石沟是一条两山相夹的狭沟，多年没人迹，走了十几里路出了沟口，却被陡峭的绝壁拦住了去路。我们把绑腿、皮带、旗杆全都利用起来，搭成人梯攀上悬崖。在朦胧月光下，摸了一夜，等天亮登上山顶，同志们的衣裳都被汗水湿透了。这样，终于把“追剿”的敌人远远地甩在后边。

突围后的第二天，我们看到了翻滚咆哮的黄河。但在行军的途中,李生茂失去了联络。这时全队只剩下30个人了。他们是：拓克宽、阎红彦、杨重远、黄子文、白锡林、党永亮、李成兰、马佩勋、周维仁、胡廷俊、田有莘、符友坚、陈玉清、吴岱峰、师俊才、张免芝、白树梅、李发荣、张应琪、刘昌汉、郝金标、王俊杰、冯金福、董金枝、胡廷壁、戴炳章、李炳云、杜鸿亮、李素云、寇世仁。这30个人都是共产党员，是经过考验的红军游击队的骨干力量。部队到三交附近河边，几经周折没有成功渡河，最后登上高山在乌龙庙里休息。杨重远等步出庙门，到山顶上察看地形，设法渡河。队员们俯瞰黄河情景,此时正是秋高气爽的季节，绵延不断的荒山秃岭在茫茫薄雾中显得肃穆而庄严。

晚上，正在大家焦急等待渡河的时候，阎红彦领着水手王怀安等六人带着羊皮筏子来了，大家很是欣喜、激动，再一次感受到群众对红军的深情厚谊。这些筏子是用涂了油、充了气的羊皮筒连接起来的。一个筏子只能载几个人，还要会水的人浮在水里推着走。队伍趁着夜色来到河边，当时虽是秋季，但在西北高原黄河深谷的夜晚，冷风刺骨，寒气袭人。为了抗寒，我们每人喝了一些酒。这天是农历七月二十日,天空没有星月,水手前拉后推。白锡林水性好，也帮着推。这样，一批一批地渡到了西岸。不料最后一批同志渡河时，装着枪弹的油篓绳索被水冲断。杨重远焦急地说：“没有枪就等于要了我们的命。”随即派会游泳的白锡林、吴岱峰下水。他们在河中乱石堆里将油篓打捞上来，大家才松了一口气。经过一夜的拼搏，30个人胜利地渡过了黄河，来到西岸。我们热情地送别了水手，并付给了渡河费。这时天才开始发亮，太阳也慢慢地升起来了。

在中共陕北特委领导下开展游击战争

陕北是党组织活动较早的地区。在大革命时期，学生运动、农民运动蓬勃兴起，党在敌人部队中的工作也不断发展。大革命失败后，陕北军阀井岳秀疯狂镇压革命人民，不少党组织遭到破坏，但是人民仍在坚持斗争。1927年10月，唐澍、谢子长组织和领导的西北人民最早的武装暴动——清涧起义，打击了国民党反动派的进攻，鼓舞了群众的斗志，培养和锻炼了一批开展武装斗争的骨干力量。起义失败后，党一面进行兵运工作，一面把重点转向农村，在农村积蓄和发展革命力量，为继续开展武装斗争，创建革命根据地准备条件。中共陕北特委派阎红彦、白锡林等到晋西吕梁山地区开展游击战争，也是在这种思想指导下做出的决定。

晋西游击队渡过黄河后，为了尽快找到陕北特委，不顾疲劳向西疾进。当天早晨到了陕北清涧县高杰村附近。游击队在这里找到地下党员白周元（小名），要他迅速向陕北特委送信报告红军晋西游击队已进入陕北，请组织调配党团员来参军，壮大游击队的力量。部队经川口村西进，当晚赶到了白家村，遇到了一位和阎红彦、杨重远、白锡林相识的商人白国华。在他的帮助下，当地群众给我们烧汤做饭，亲切地问长问短，真使我们觉得有回到家般的温暖。

农历七月二十一日早晨，部队出发翻过一座高山到了清涧石嘴驿。这里是榆林通向西安的南北大道。这天适逢集日，摊贩遍街，赶集的群众很多，热闹异常。游击队到了这里，买卖公平，态度和蔼。乡亲们听到我们都是本乡本土口音，敢于向我们接近。队长拓克宽命令同志们利用休息时间向老乡讲革命道理，宣传党的方针政策，说明我们是红军晋西游击队，山西到陕北是为了打倒军阀井岳秀，打倒贪官污吏、土豪劣绅。赶集的群众听了宣传以后，奔走相告。晋西游击队过河来的消息很快传遍了邻近的乡村。

农历七月二十二日，游击队到了黄土高山岭上小村庄宿营。乡亲们看到我们全副武装，有些疑惧。游击队员们一面说明来意，一面帮助老乡担水扫院。老乡转而以热情相待。有的老乡还反映当地的敌情，如说地主武装民团的头子拓老板离此不远，要我们小心等。

第二天一早，部队下山沿着淮宁河西行。时而走平川，时而渡河。部队通过南沟岔时，将游击队员张应琪从山西背来的两个元宝在商店兑换成银圆，以备沿途需用。

在南沟岔附近行军途中，游击队与敌军官兵六七人在雾中相遇。由于队领导拓克宽、黄子文没有缴敌人的枪，队员们意见很大,认为这是失职。部队走过南沟岔七八里处，在柳树滩休息时，大家要求开民主会议，改选队领导。会上发扬民主，一致推选阎红彦为大队长，吴岱峰为副大队长，杨重远为政委。下辖李成兰、胡廷俊、马佩勋、周维仁四个班，游击队员群情高昂，决定继续西进。

当晚到了涧峪岔宿营，村里土豪薛华英闻讯而逃。此人一贯横行乡里，作恶多端，穷苦农民切齿痛恨。游击队通过调查，证明属实，决定开仓济贫，把粮食分给群众。起先群众不敢分，队员们分别将粮食送到老乡家。群众感到游击队是为穷苦人办事，跑了的群众也回来争着分粮。从此游击队打土豪、斗地主的消息传开，扩大了红军的影响。

游击队翻过营盘山到达了安定（今子长县）西区枣树坪。大革命失败后，这里党的组织转向农村、学校开展活动，一直坚持对敌斗争。就在这里，游击队找到了地下党员谢德惠（谢子长的长兄，人称谢老大），得知谢子长现在甘肃活动。通过谢德惠找到了中共安定县委书记马文瑞（这时县委设在任家岭）。马文瑞当即动员当地党员和青年参加游击队（第一个来的是马云泽，接着又有强龙光、强世清、侯奉孝、侯奉来、侯奉高、郭立本、赵福祥、惠怀玉、李维俊、惠泽仁、阎宝忠、路文昌、陈志刚、姬升元、郭万芝、王得民等党员和一批革命青年）。同时，又很快将游击队到达陕北的情况转告中共陕北特委。不久，特委书记赵伯平派张子平来传达指示，要游击队在安定、清涧、延川、延长、靖边等县开展游击战争。陕北特委还先后派来一批党员和革命青年参加游击队。从此，部队士气更加旺盛，战斗力也更加强了。

平桥遭遇战

农历七月二十八日，游击队由安定向安塞县境运动。途中活捉了安定县政府派来的侦察员张发华。经群众反映经调查证实，这个人是地主恶霸的忠实走狗，是县衙门的班头，群众对他恨之入骨。队委决定予以镇压，此举深得群众的拥护。部队本需休整一下，但情况不许，又继续翻山越岭向西进。经过安塞县边境平桥，有一片枣树林，部队就在这里休息，有些同志一倒下就睡了，猛然听到枪声四起，子弹扑扑地落在身边，战士们从梦中惊醒，却不见敌人。详细观察后，发现敌人在高山上向我射击（后来得知是杨家园的队伍）。队委决定要狠狠回击一下，由阎红彦指挥部队分路向敌人攻击。白锡林带的两个班绕到山后突击，这时密云满天，下起瓢泼大雨。队员冒着大雨猛冲下山，先打死了几个敌人，其余敌人纷纷溃逃，我们缴获了一些枪支和弹药。

打了这仗之后，部队在朦胧的雾色中沿着山岭迅速向西走了 80 里，到了安塞县侯家河湾宿营。次日早晨发现保安李家咀队伍来袭击，当时在大雾中只听见枪声，看不见敌人，游击队只有在晨雾中迎着枪声还击。敌人在冲锋枪、机关枪猛烈扫射下溃退了。部队由安塞县西进到保安县（现志丹县）境，沿途打听刘志丹的情况。群众传说刘志丹去甘肃了。保安县境，山高沟深，道路崎岖。部队正在沿着山沟小道前进，突然队伍后边有一位骑快驴的老乡向部队赶来，并急促地对我们说："我给你们送信来了，驻保安国民党军队高玉亭营步骑 300 多人来打你们，你们应当小心。"这位老乡打听到我们是从山西来的晋西游击队，是来为穷人翻身打仗的，所以来给我们送信。

为了防备万一，游击队沿安条岭转向北进。安条岭是插在保安和安塞中间的一条大山，向北伸到三边（安边、定边、靖边三县）。这里山高沟深，人烟稀少，常有土匪为患。

群众看到游击队，大都逃跑了。我们对没跑的乡亲，宣传游击队的任务、主张，通过他们把逃跑的群众喊回来。晚上大部分群众回来了，向游击队反映这里地主的剥削和压迫的情况。游击队没收了一家地主的财产分给了群众。游击队严格遵守红军“三大纪律、八项注意”，借用或损坏了群众的东西，把钱放到炕上，写了条子。并把用过的锅碗洗净，住过的院子打扫干净，给群众留下了很好的印象。

安条岭战斗

游击队在深夜沿安条岭北进途中，发现了敌情。根据侦察得知，敌人部署南北夹攻我游击队。阎红彦听到南路敌人口音是外地人，判断是敌高玉亭营；北路敌人说本地土话，一定是民团。决定用快速行动，先冲垮北边民团，回头再组织火力打高玉亭营。于是，阎红彦率领游击队首先向北边山梁猛冲猛打，这些民团一打就垮了，还被活捉了几个。回头组织火力，用冲锋枪扫射南边的敌人。强龙光、马佩勋、李成兰、周维仁、冯金福、董金芝、白锡林、胡廷俊、符友坚、郭立本、侯奉孝等组成突击队，勇猛出击。高玉亭营被打得狼狈不堪，纷纷溃退。这是游击队到陕北后的第一个以小胜多的战斗。敌军和民团步骑300余人，要来消灭游击队，反被我军击溃。游击队扫清了前进的道路。在这次激战中，黄子文擅自离开部队，后于1932年春，由中共陕西省委介绍回陕甘游击队。拓克宽在这次战斗中负伤，后来牺牲了。

游击队北上到了靖边县沙漠草原地带。在辽阔的草原上作战，需要扩充骑兵，便在三边一带，打土豪、征马匹。这时，得知红二十四军已西渡了黄河，到陕北神木、府谷一带活动。队委派胡廷俊乔装经内蒙古去神、府二县，找红二十四军接头，迎接他们西来会师。

游击队员们站在高山之巅，面对着茫茫草原，望着雄伟的万里长城，愈加意气风发，豪情满怀。不料一个同志北望内蒙古草原漫无边际，南眺光山秃岭与天连，竟产生了悲观情绪。他怒气冲冲地说："咱们打这样的游击战争打到什么时候为止？我主张与敌人硬拼，全被打死也是光荣的。"这话使大家感到震惊。同志们严肃地指出这种思想是错误的。我们这支队伍在党的领导下由山西到陕北，以中央苏区和中央红军为榜样，为劳动人民翻身而战，得到广大人民的拥护。现在我们的队伍虽小，但这是扑不灭的革命火种，不但播种吕梁，还要燃遍祖国西北高原。经过批评，这个同志思想有了转变，和大家统一了认识。大家以愉快的心情，凑了一首口占诗：

红军健儿志气坚，高举红旗在高原。

继续西进扫封建，跃马挥戈在陕甘。

远大理想怀胸际，不辞艰苦永向前。

过了几天，胡廷俊回来了。他得知确实消息，红二十四军在榆林以北百余里内蒙古两岔河失败了。队委会分析了各方面的情况后，决定南下返回安定县一带活动，并同地方党组织联络。于是，游击队步、骑配合，挥师南下，并将在靖边县高石畔打土豪得到的元宝和一些财物，上交了陕北特委。

游击队于农历八月十三日到安定寨儿山。太阳将要落山时，击溃了向我军袭击的横山石湾镇的敌人万宝山营。当晚到达孙家河宿营。夜间接到土客杨琪、杨鼎、杨桐、张福才、肖永胜、贺得胜等来信，要求同游击队一起行动。队委会讨论决定：为了利用和改造这些土客，壮大革命力量，同意联合行动，一致对敌，但不是正式编入红军游击队。并提出三个条件：一、听从队委领导；二、不抢穷人东西；三、不强奸妇女。他们表示完全接受。游击队就给土客武装各小队派出了指导员，又由各队抽调人、枪，组成一个执法队（队长雷恩钧，副队长白崇发），都佩戴执法队袖章，如有违犯纪律者，按红军纪律处理。

营盘山战斗

农历八月二十五日，部队行至营盘山，正在商讨今后行军计划，得知敌万宝山营又纠集横山县的民团向我方运动。用望远镜观察，发现敌人正在我侧翼，企图侧后向我进攻。阎红彦立即命令部队占领险要阵地，迎击敌人。双方展开激烈的战斗，从早晨打到中午相持不下，这时阎红彦抽调强龙光、强世清、马佩勋、董金芝、冯金福、侯奉孝、符友坚、郭立本等10余人组成突击队，绕过深沟插向敌人侧后，用冲锋枪向敌指挥所扫射。我方出奇制胜，敌人一时混乱不堪。我正面部队乘机发起冲锋，敌仓皇溃逃。这次战斗缴获步枪五六十支，子弹数千发，俘敌军和伤兵三四十人。杨重远政委把俘虏集中起来讲话，欢迎他们参加红军，愿回家者每人发银圆两块，并把敌伤兵送往安定县城。这是我们在陕北第一次执行党的优待俘虏的政策，在广大群众和敌军中产生了很好的影响。

营盘山战斗后，游击队乘胜东进到安定县北区南沟岔。这时又有一股由山西来的土客师储杰部百余人，愿意接受游击队队委提出的三项条件，在晋西游击队队委领导下和红军联合行动。雷恩钧、李宗白、白雪山、惠泽仁、陈玉清五同志先后由地方党组织和游击队领导派到师储杰部任指导员，以加强思想政治工作。

玉家湾、瓦窑堡战斗

游击队在南沟岔时，得到地方党组织送来的情报，敌人由瓦窑堡开来一个加强骑兵排到玉家湾，是敌军的王牌，扬言他们兵强马壮，武器精良，要消灭游击队。队领导和杨琪、杨鼎、师储杰（后叛变）讨论研究对策。经过一番争论和多方估计，决定先发制人，星夜行动，拂晓前袭击该敌，出其不意一举歼灭之。当夜部队急行军翻过关道峁山，红军侦察员遇见魏殿元。他向游击队领导详细叙述敌情和敌人的居住地点，并由他带路前进。拂晓前游击队将敌军包围，一声令下，战士们冲锋前进，奋勇冲杀，很快就结束了战斗。敌人大部分被当场击毙，其中有石得胜等三个排长。其他敌人有的还没有起床就当了俘虏。这次战斗，全歼了敌人，缴获了全部武装弹药和马匹，使部队得到了很大的补充。这是晋西游击队入陕以来打的第一个漂亮的歼灭战。这一战斗的胜利，打击了敌人的威风，提高了游击队的士气。

玉家湾歼敌胜利后，估计瓦窑堡敌人还没有察觉，可出敌不意，进攻瓦窑堡。游击队骑兵绕川道前进，步兵沿山间小道前进，到达瓦窑堡城郊，展开进攻。我军一部分突入城内。这时有一个敌军士兵从玉家湾逃回去报告了红军的消息，敌人有了准备，退守米粮山（内城）据城固守。因此，一时难以攻克，游击队便撤出战斗，继续向南行动，次日到延川县永坪镇休整。

雁门关战斗

游击队在永坪镇休整。永坪学校职工张云是地下党员，为游击队提供油印机等，用以开展宣传。这时地方党组织送来情报，得悉驻延安敌旅长高双成到榆林向军阀井岳秀拜寿后将返回延安。队委会决定派部队南下到雁门关险要处设伏，准备活捉该旅长。

次日拂晓出发，但在爬到雁门关山（折顶山）时，发现敌人已占据山顶,居高临下向我们射击。上山只有一条路，山坡很陡，地形对我不利，部队不易展开，反而容易遭受敌人的伏击。在战斗中，我军先后有肖永胜、张福才、贺得胜三位负责同志牺牲。因此，队委决定游击队撤出战斗，向北行进。

岔口战斗

当游击队北进到达延川县清平川岔口的时候，得到可靠情报：敌旅长高双成已经绕道经瓦窑堡、蟠龙回到延安，纠集各县敌军和民团企图向我军进攻。游击队严密警戒，监视敌人，并随时准备行动。

次日拂晓发现了敌人，游击队立即占领了有利阵地。敌人步、骑有六七百人，向我采取包围形势。敌前哨所与我发生战斗后，敌主力部队却迟迟不前，也不组织力量向我阵地逼近，双方对峙，激战一天。后来，队领导判定敌人在等待后续部队到来，对我实行重重包围，妄图一举消灭游击队。队委决定，当晚突围。天黑以前，部队选择好道路，做好准备。黄昏后在我们占的高山上修了一段路，人马从陡坡滑下去。敌人未曾察觉，我军顺利转移到永坪附近。为了迷惑敌人，我军扬言向北行动，摆脱了敌人的尾追。

野鸡岔战斗

游击队由永坪出发，行动到安定县凉水湾时，接安定县委转来特委指示：游击队应避开敌人主力，转到甘肃去开展游击战争，并报告中共陕西省委，游击队已向甘肃陇东去了,请派人接洽。当时游击队到蟠龙附近贯家屯稍加休整。为了迷惑敌人，游击队扬言北进三边一带。

队委会一面令师储杰部由贯家屯北上，经十里长岭南下到金堂，渡洛河，经白沙川、瓦子川、平正川，到葫芦河与晋西游击队会合。同时，晋西游击队与杨琪、杨鼎部由贯家屯出发，西进到了保安县顺宁川、野鸡岔以北，与敌张廷芝部队遭遇。我尖兵班马佩勋、郝金标等首先同敌人打响，迅速占领阵地，同敌人争夺山头。这时，敌连长燕麦子被我队特等射手郝金标击毙。敌人慌乱，爬到半山腰之敌被我军消灭一部，其余溃逃了。我方缴获了一批枪支弹药、战马。等到敌后续部队赶来，由于我军抢先占领了险要地形，火力射击猛烈，敌人无法前进，就全部向北溃退。我军集合了部队继续西进。

红柳沟遭遇战

红军晋西游击队从桃柳树洼出发，西进到红柳沟途中又与张廷芝部的另一股遭遇。敌人在右侧高山向我前进部队冲击，我军也迅速抢占了一个高山阵地还击。敌军看到我方占山的人数不多，猛力冲击，经阎红彦等顽强阻击坚守着阵地。这时我后续部队赶来，游击队前卫骑兵，闻枪声也折返回来。敌人在我军前后夹击下，狼狈溃逃。我军缴获战马 10 余匹，步枪 10 多支和一些军用品。队伍集合时，不见了阎红彦。部队立即四处寻找，没有找到。几天后，阎红彦才找到了部队。原来在我军夹击敌人时，阎红彦奋起出击，不防掉下深沟，被摔得昏迷过去，幸未受重伤。苏醒后，他攀山越岭，寻找游击队，路经刘志丹家门时，由刘家中叫张明科的人带路送他回到部队。张明科后来也参加了革命。

击溃了张廷芝部以后，晋西游击队南下，在永宁山渡洛河，经白沙川、瓦子川，到甘肃合水县平正川和葫芦河。这时，另一路师储杰部也经十里长岭、金堂、平正川到葫芦河，与晋西游击队会合。红军晋西游击队和联合行动的土客会合后，共有步、骑兵约 300 人。

农历九月下旬，游击队到达南梁地区，继续打听刘志丹同志的消息。队委会还派马云泽带骑兵去寻找刘志丹。后来,马云泽和刘志丹一起到了南梁地区的阎家砭。阎红彦、杨重远等热情地接待了刘志丹同志，并向刘志丹介绍了晋西游击队西渡黄河后转战各地的情况，谈得很融洽。阎红彦当即送给了刘志丹一支盒子枪。

甘肃合水县南梁一带山区，是纵贯陕甘交界的大山脉，地处乔山的中段，道路崎岖，山高林密，会道门多，封建迷信盛行。中国工农红军晋西游击队在南梁地区开辟革命根据地，人民群众开始把红军晋西游击队看成是劫富济贫的“梁山弟兄”，经过宣传后，逐步地认识到晋西游击队是共产党领导的为劳苦群众闹翻身的队伍。同时，南梁堡一带的地主武装民团，由于害怕游击队大都逃跑了。当群众发动起来以后，有些为生活所迫参加民团的团丁，逐渐觉醒过来，自动向游击队交出枪支，同群众一起斗地主、分果实。游击队做了一系列的宣传工作，安定了这一带的社会秩序，在这一带站住了脚，扎下了根。

……

晋西游击队在中共山西省（特）委领导下，从 1930 年夏开始筹建，1931 年春末在吕梁山区正式建立，旧历七月二十日西渡黄河，又在陕北特委、陕西省委领导下，从陕北到陇东，转战千余里，冲破了敌人的重重围追堵截，使这支早期的革命武装得以保存下来，并不断发展。这是在共产党领导下，坚持武装斗争，以中央红军为榜样，走井冈山道路所取得的一个重大成绩，是坚持毛主席的建军路线所取得的一个胜利。晋西游击队的每一步成长，都是在党的直接领导下取得的，是在西北人民的热情支持和参加下取得的。今天，我们回顾这一段艰苦的革命历程，一方面为了继承革命传统，教育子孙后代，同时也借此向我们的老战友——晋西游击队中为革命献出了宝贵生命的烈士们表示深切哀悼，我们将永远怀念他们。